情商的距離

分寸感打造深度關係！

陳玉新 著

避開人際雷區 × 禁止窺探隱私 × 練習擔任配角……
在交流中拿捏好距離，打造親密又自在的舒適關係

親疏有度，人際關係中的「分寸感」訓練！

不逾矩表達、適當退讓、解開尷尬誤解……
掌握社交中的「進退分寸」，讓人際關係不再失衡！

目 錄

序言：沒分寸、失重心，分寸感到底有多重要？

Part1　位低莫入眾，言輕不勸人
——情商高的人，自己首先不丟面子

012	有分寸，說話才有分量
018	別輕易試探自己的重要性
023	目中無人的人，自我感覺都特別良好
029	不爭面子，就不會沒面子
036	別信「至交」，關係越好越要留餘地
042	情商高的人，只是比你多懂一點「交淺不言深」
048	有些話，只能在特定場合說
052	高情商不只是會說話

Part2　不出格，才不會出局
——交際的分寸在於看透、做透不說破

060	事情做得過頭一點沒關係，話絕不能說過頭
066	分寸的藝術學名叫「心照不宣」
070	沒分寸的心直口快可不是耿直
077	別人的隱私，知道了不說就等於不知道
082	別人只是隨便說說，那你就隨便聽聽
088	有分寸，才有好人緣
094	不吝讚美，但也別言過其實惹人厭
099	嘲諷與自嘲的分寸感

Part3　不過火，才不會引火燒身
——情商高的人，自己順遂讓別人也舒服

106	情商高手，都懂得做一個「戲精」
112	做好配角的關鍵在分寸
118	拿捏分寸，留三分餘地給別人
123	能捧場就捧場，不能捧場也不拆臺
128	你的成功，容易刺痛身邊失敗的人

| 133 | 不到火候,不要著急嶄露鋒芒 |
| 137 | 分寸就是要做到親疏有別 |

Part4 看人就像看山,距離越遠越能看得全貌
—— 情商高的人,跳出框架才能看清真相

144	在溝通的平衡點上,多說一分「好話」
148	孤獨,不過是一個人的美麗旅行
154	憤怒的背後,一般都是恐懼
160	人總是缺乏什麼就炫耀什麼
166	拒絕比較,比較才是最不公平的事
171	「刀子嘴」的人,一定不是「豆腐心」
175	為你的拒絕加入一點「同意」
180	拒絕溝通錯位,讓他知道「我理解你」

Part5 畫龍點睛的指點,不要畫蛇添足的指指點點
—— 最有價值的幫助絕不是品頭論足

| 186 | 好心辦壞事,
因為你的「好心」不一定是對方想要的 |
| 189 | 情商高的人,懂得說讓人信服的話 |

目錄

195	不要把施恩變施捨
200	別人的評價,隨便聽一聽就好了
204	「人精」可以做,「麻煩精」就免了

Part6 你的善良要有底線,你的真誠要講究分寸 ——溫暖他人的人,也不會讓自己的人生著涼

210	要當「大眾情人」,更要交往有度
216	以德報怨也要有底線
221	掌控憤怒情緒,有分寸地還擊
226	兩隻耳朵與一張嘴的平衡
231	關係再親密,也要理性考慮
236	「零容忍」並不代表你不善良
240	別被自己的真誠搞得狼狽不堪
246	你的善良,拒絕「聖母」光芒

序言：
沒分寸、失重心，
分寸感到底有多重要？

　　關於分寸感，我個人很喜歡三毛的一句話：「朋友再親密，分寸不可差失，自以為熟，結果反生隔離。」

　　高情商的人在交際時，離不開對分寸的掌握。分寸感是一種修養，也是一種體諒。沒有分寸感，什麼關係都難以長久。那麼，分寸感究竟是什麼呢？

　　首先，分寸感，是不過度傾訴。在魯迅的著作《祝福》中，對祥林嫂這個人物的描寫即是一例。在阿毛出事後，這個原本手腳俐落、做事勤快的人，逐漸變成了一個「行走的負能量」，逢人就要說自己的不幸，見人就要哀嘆自己的遭遇，在喋喋不休中，連「最慈悲的念佛的老太太們，眼裡也再不見有一點淚的痕跡」了。

　　傾訴本是交際的手段，但是祥林嫂在這個過程中失了分寸，為對方帶來了折磨。慈悲的人尚且無法忍受，更何況飽受生活壓力的現代人？

序言：沒分寸、失重心，分寸感到底有多重要？

學者周國平曾說：「分寸感是成熟的愛的表現，它懂得遵守人與人之間必要的距離。」所謂分寸感，就是在人與人相處之間找到一個最理想的距離。

傾訴，也要傾聽；不過分，也不踰矩。其次，分寸感，是不故意炫耀。在人際關係中，總有一種人，喜歡將自己擁有的東西「刻在腦門」上。他們想用「炫耀」的方法，來博取他人的青睞與羨慕。殊不知，這樣沒分寸的行為，只能像國王的新衣一般，既滑稽膚淺，又惹人厭煩。

作家林語堂在〈社會十大俗氣〉的小品文中寫道：「腰有十文錢必振衣作響，每與人言必談及貴戚⋯⋯與人交談便借刁言以逞才。」

可見，在交際中最受人青睞的，並非整天炫耀吃穿用度的人，而是思想極具智慧的人。一個人炫耀的背後，無非是安全感的缺失。因而一點小小的成就，就會讓他們失了分寸。

真正有分寸感的人，不會用這些身外之物，甚至炫耀對別人造成的傷害。他們懂得財產、名聲和能力都是身外之物，也知道世界上有很多不如他們的人。正是這份理解，才讓他們低調的生活，顯得格外儒雅善良。

最後，分寸感，是不打聽隱私。真正有分寸感的人，是不會以「關心」為名，肆無忌憚地探聽別人的隱私與八卦。

這種窺探，是在破壞彼此間的關係，也表明了對對方的不尊重。

不隨意探聽隱私是自重，不隨意傾吐隱私是自守。其間的輕重得當、收放自如，就是一個人的分寸感。

不管是職場還是生活，人們都對「自來熟」的人有些牴觸。他們總會嬉皮笑臉地湊上來，問一些讓人難以啟齒的問題。這種冒失的性格，會惹人厭煩，讓人覺得自己不被尊重。

其實，不管是什麼樣的關係，分寸感都是最合適的距離。這就要我們寧可藏拙，也不要踰越。在友情中，我們可以不聰明，但不能沒有自知之明。當一個圈子不屬於你時，就不要極盡所能的強行擠入。在愛情中，分寸感也會告訴我們：喜歡是放肆，愛是克制。

所謂克制，是愛不流於表面，更高級的表達方式。愛情毫無節制，就會進退維谷，只有有分寸地去愛，才可以毫髮無傷。

聰明的人，都知道分寸應當如何掌握。不過度傾訴、不故意炫耀、不打探隱私，這便是分寸之道的精髓了。

所謂情商高，無非是有分寸感。在「人生分寸感」的這門課中，我們都是學生。

序言：沒分寸、失重心，分寸感到底有多重要？

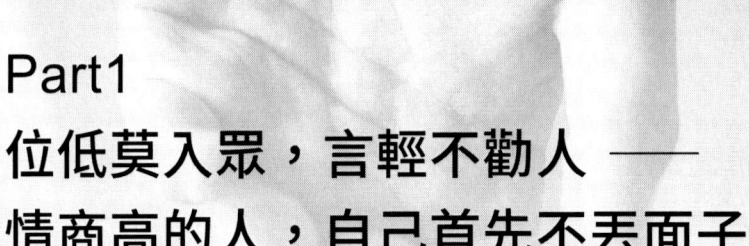

Part1
位低莫入眾,言輕不勸人 ──
情商高的人,自己首先不丟面子

Part1　位低莫入眾，言輕不勸人──
　　　　情商高的人，自己首先不丟面子

有分寸，說話才有分量

　　日本著名導演大宅壯一說：「一個人的臉，就是一張履歷表。」但是從某種意義上看，一個人的嘴也是。演藝圈裡有很多資歷深、背景雄厚的前輩，也有很多科班出身、人脈頗廣的大牌。但是論起說話的分量，很多人都不如黃渤這位半路出家的演員。

　　為什麼？因為黃渤說話懂分寸，有分寸，才能讓說出的話有分量。在做客《人物》雜誌專訪時，主持人曾問黃渤：「怎麼看待外界對你高情商的評價？」這是個很簡單的問題，主持人想聽到的，是黃渤一貫的機智和幽默。但讓人沒想到的是，黃渤很認真地回答了這個問題。

　　「你知道，實際的情況根本不是那樣。其實有的時候，所謂高情商，是你不想傷害別人。另外，我不是一個那麼衝動、侵略性那麼強的人，我的個性裡也有柔軟的地方，所以不喜歡把話說得那麼絕。」

　　黃渤的高情商與分寸感，正是基於他不想傷害別人的初衷。

有分寸，說話才有分量

得益於此，黃渤得到了演藝圈「高情商代表」的頭銜，也成為眾明星喜歡來往的演員。比如，女演員閆妮與黃渤一起拍戲時，想調侃黃渤兩句，於是故意說道：

「我以前都是跟帥哥演戲，這次跟你演夫妻，我就知道自己要進入醜星的行列了。」黃渤溫和一笑，不但沒有惱羞成怒，反而從容道：「那我覺得和妳一起演，是我要走向帥哥的行列了。」

言語之間，黃渤反而誇了對方一番。黃渤不僅在生活中情商很高，在公開場合回答記者提問時，說話間也很有分寸感。曾經有位記者問黃渤：「是否覺得自己能代替葛優？」黃渤沒有直接給出「是」或「否」的回答，而是毫不猶豫地說道：「這個時代不會阻止你自己閃耀，但你也掩蓋不了任何人的光輝。因為人家曾是開天闢地，劃時代的電影人。⋯⋯我們只是繼承了他們的成果而在奮發努力的晚輩，對這個不敢造次。」

這幾句話很有分寸，既表達了自己的努力，也表達了對前輩葛優的推崇和尊重。

如此高的情商和分寸感，自然讓黃渤吸引到一些「明星粉絲」。在一檔綜藝節目中，有「臺灣第一美女」之稱的女藝人林志玲如願體驗了一回「嫁給黃渤」。

Part1　位低莫入眾，言輕不勸人──
情商高的人，自己首先不丟面子

應製作單位要求，黃渤要對林志玲說一段話。黃渤真誠地說道：「你演繹了無數的愛情，希望有一天，能夠看到你臉上露出真正的，不是劇本裡的笑容。」

這段話讓林志玲熱淚盈眶，她知道黃渤能理解自己，也是真心祝福自己的。因此，林志玲後來多次公開表示，自己未來的擇偶標準，就是找一個像黃渤這樣的對象。

說話要有分寸感，這樣才能讓人願意與之交談，說出的話才能有分量。一代國學大師季羨林曾說：「假話全不說，真話不全說。」說話的藝術也就在此了，真正高情商、懂分寸的人，不會口出惡語，也不會尖酸刻薄。相比於嘲笑他人，他們更傾向於看破不說破。懂得為他人留有餘地的人，才能讓自己的話更有分量。

自古便有「人有短，切莫揭；人有私，切莫說」之語，可見我們說話的分寸，實際上就是做人的分寸。被譽為「全日本最會生活的男人」，著名作家松浦彌太郎也在其著作《謝謝你》中寫道：「立刻看出對方的苦衷，不苦苦相逼，這是一種體貼。」

如果我們無法拿捏說話的分寸，不但會得罪對方，也會讓說出的話語分量降低，甚至沒人願意再和我們交談。

有分寸，說話才有分量

民國時期女作家張愛玲曾講過她與摯友炎櫻的一段往事。張愛玲和炎櫻的相遇很浪漫，她們在同一年去香港求學，又在同一艘船上相遇。二人一路同行，就此成為無話不談的好友。在香港淪陷之際，張愛玲還與炎櫻共飲共寢，沒有被子，二人就用雜誌當棉被蓋著，相擁而眠。

炎櫻出現在張愛玲的大部分作品中，可見二人關係的親密。在炎櫻語錄裡，張愛玲開篇便是：「我的朋友炎櫻說，每一隻蝴蝶都是從前的一朵花的靈魂，回來尋找它自己……」到後來，張愛玲經歷了一段失敗的愛情。雖然她卑微到塵埃裡，前夫胡蘭成卻還是辜負了她。心灰意冷的張愛玲遠赴美國，遇到了 65 歲的賴雅。

賴雅身體不好，張愛玲的作品在異國他鄉又不暢銷，二人過得十分落魄。可是炎櫻不同，她去往日本後，不僅在事業上順風順水，還邂逅了眾多優秀的追求者。

後來，炎櫻明知道張愛玲的狀況，卻還是在來往的信中這樣寫道：「我從來也不認為自己美麗，但 George（炎櫻丈夫）說我這話是不誠實的……只有 George 說過，我想那是因為他愛我……我憑著自己的蹩腳日文而做過幾 billions（數十億）的生意……」

Part1　位低莫入眾，言輕不勸人——
情商高的人，自己首先不丟面子

大家都能看出，炎櫻是在昔日好友落魄時刻意炫耀，張愛玲又何嘗不明白？她在寫信給另一位好友鄺文美時說道：「Fatima（炎櫻英文名）並沒有變，我以前對她也沒有幻想，現在大家也仍舊有基本的了解，不過現在大家各忙各的，都淡淡的，不大想多談話……」

炎櫻此後說出的話語無論多華麗絢爛，也無法再在張愛玲心中引起一絲漣漪。俗話說，「對失意人莫談得意事」，說話沒有分寸的人，注定無法讓自己的分量提升。

如今，總有人把尖酸刻薄當幽默，把沒有教養當直率。說話不分輕重是沒有分寸的表現，很多人表現出來的低情商，其實並非是不會說話，而是個性使然。

如果不懂得禮貌與尊重，那說的話、做的事自然會出格。想要讓別人怎麼對待你，你就需要怎麼去對待別人。情商高的人，懂得說話的技巧，更懂得做人的道理。

所謂高情商，不過是有分寸感，而說話有分寸，也無非就是這兩層涵義：該說話時好好說，不該說話時不要說。

在該說話時，我們不能閉口不言，更不能口出狂言、口出惡言；不該說話時，要注意沉默是金，懂得適可而止，不要一說起來就沒完。這樣的舉動是再平常不過的分寸，也是最基本的教養，但凡有點分寸的人，情商都不會低。

反之,如果說話沒有分寸,就成了「失度」。比如當眾揭短、公開隱私,都屬於沒有分寸的低情商對話。這樣的人不但說話沒有分量,反而還會讓人心生厭煩,避之唯恐不及。

懂分寸的人,說出的話才有分量。也只有這樣的人,才能讓人「久處不厭」,心生好感。

Part1 位低莫入眾，言輕不勸人——
情商高的人，自己首先不丟面子

別輕易試探自己的重要性

在這個世界上，有兩樣東西是不可以直視的，一是太陽，二是人心。直視太陽，會讓你刺眼流淚，直視人心，亦是如此。當我們去用謊言試探人心時，得到的結果通常會讓人失望，甚至讓人絕望。因為人心是經不起試探的，不管是友情還是愛情。在選擇一個人之前，我們都會有一段相識、相知的過程，在這個過程中，我們會發現對方的優點，也會發現對方的不足，在確定能夠真心相待後，一段友情或愛情便隨之展開。

然而，當友情或愛情走到盡頭時，驚慌失措的人們通常會選擇「下策」，那就是用試探的方式，來確定自己在對方心中的重要程度。之所以稱試探為「下策」，是因為再忠貞的感情，也禁不住試探的傷害。不管是出於好奇還是挽回，這種試探都是不信任的表現。試探之所以存在，就是因為我們對這段感情存有疑心。

從你開始試探人心的那一刻起，你們之間的信任感，便已蕩然無存了。

別輕易試探自己的重要性

在某一綜藝節目中，一對男女登上舞臺講述了彼此的故事。最初，男生跟女生是彼此相愛、信任的，隨著時間久了，二人原來的激情被平淡所取代。女生不喜歡平靜的生活，她依舊想生活在男生的甜言蜜語和隨侍在側中，於是，在男生日漸「冷漠」之際，女生開始懷疑自己的男朋友是不是出軌了。

她沒有直接問男朋友，而是在社群媒體上新辦了一個帳號，假裝是寂寞的美女去引誘男友，考驗其是否忠誠。一開始，男友並未回應，後來聊得多了，男友逐漸喜歡上這個虛構的陌生美女。他覺得這個陌生人太了解自己了，簡直就是命中注定的另一半。

思索良久，男生對女生提出分手，女生大鬧了一場，罵男友是個渣男，並公開了自己就是陌生美女的事實，男生大受打擊。女生在鬧過後，發現自己根本放不下男生，就想要和好。可是男生又怎麼會同意，於是參加了綜藝節目，請主持人來評理。

誰知，主持人聽完二人的故事後，一改平日溫文爾雅的樣子。他嚴肅地告訴女生，在這段感情中，她先對男生說了謊，給了男生一個極大的誘惑。她的分寸過了該有的度，也把男生誘惑出了這個度，所以走到這一步，完全是女生咎由自取。

Part1　位低莫入眾，言輕不勸人──
　　　情商高的人，自己首先不丟面子

　　在現實中，大部分感情都是門當戶對的，灰姑娘嫁入豪門的機率幾乎為零。兩個人在一起，本來就是有所取捨的，大家都是 5 分，共同組成了 10 分。可若這時候，一個 9 分，甚至 10 分的人闖入這段感情，試問又有幾個人能不動心？

　　在感情中隨意試探自己的重要性，結果可能會讓自己變得不重要。還有一段情感中，男生覺得女生條件好，很自卑。他刪光了女生手機中的朋友名單，來確保女生不會背著自己跟其他男生聊天。這種毫無分寸的作法，不但讓女生十分苦惱，也讓女生失去了很多朋友。

　　面對這種情況，主持人說道：「讓對方維持完整，讓自己保持獨立，這對愛情很重要。」透過編造謊言來試探對方的真心，本來就是件很失分寸的事情。就像在過年特別節目中，短劇演員的臺詞那樣：「用謊言去驗證謊言，得到的一定是謊言」，區別不過是騙了對方，還是騙了自己罷了。

　　如果在感情中，兩個人能彼此守住分寸，也許這一輩子都不會出現打擾二人的因素，兩個人終能攜手並進，白頭到老。

　　徐濠縈曾經是位演員，也是著名歌手陳奕迅的妻子。雖然她在婚後就很少拍攝電視劇了，但是她因為各式各樣的原因，依舊活躍在演藝圈的各個領域中。

別輕易試探自己的重要性

相比於丈夫的名氣，徐濠縈顯得有些勢弱，但是她本人極有分寸，極其自信。她不但有自己的行事章法、穿衣風格，而且豪放不羈，絲毫不在意外界的傳言和看法。

在演藝圈中，陳奕迅是相當出名的「愛妻男星」，當網友吐槽徐濠縈又黑又醜，配不上陳奕迅時，陳奕迅會立刻出來維護妻子。

當年，媒體記者問陳奕迅：「你為什麼那麼拚命地接活動，好像就沒有看你給自己放過假？」陳奕迅笑著說：「因為我要養徐濠縈啊，她喜歡買東西，我想讓她高興。」

這段話讓網友大呼不公平，為什麼徐濠縈能有這樣的好老公？大概是徐濠縈上輩子拯救了銀河系。可是，大家沒看到的是徐濠縈在陳奕迅深陷出軌風波時，沒有選擇試探他，也沒有選擇拋棄他，而是對流言蜚語嗤之以鼻，依舊我行我素。正是這樣的自信，深深吸引了陳奕迅，他覺得，自己這輩子不會再被誰吸引了，因為最自信的女人，就在自己身邊。

其實，陳奕迅深愛徐濠縈是必然的，因為徐濠縈情商很高的，她的分寸感並不表現在社會規範內的禮儀舉止中，而是體現在野性的自信裡，正是這一點「真」，深深吸引了陳奕迅的目光，而且一追就追隨了二十多年。

Part1　位低莫入眾，言輕不勸人──
情商高的人，自己首先不丟面子

徐濠縈是絕對不會試探男人的女星，她給了陳奕迅足夠的自由，也給了自己足夠的自由。雖然她外表看上去冷漠，但是內心善良自信。不管私下是什麼樣子，在媒體面前時，她都會給足陳奕迅面子，並且把家打理得井然有序。在陳奕迅跌入谷底時，徐濠縈也一如既往地陪伴著他。

當時，她沒有對陳奕迅「施捨」愛情，也沒有反覆強調自己是一個好妻子，但是在陳奕迅每一個需要她的時刻，她都很自然地陪在他身邊，一起面對溫暖，也一起面對嚴寒。

就是這樣寵辱不驚、自信自由的性格，才讓陳奕迅心甘情願地成了「愛妻狂魔」。

試探就像一個潘朵拉的盒子，我們無法得知開啟後發生的事情。而且，我們也根本沒有必要去試探自己的好友或愛人，畢竟試探本身就是件折磨人的事情。我們去試探對方時，也會懷著或忐忑或緊張的心情，在試探發出的一刻，還要因為或失望或滿意的結果而不安。這種得不償失的事情毫無分寸感，稍微有點情商的人都能明白。

再親密的友人，也受不了屢次的試探；再恩愛的情侶，也終究會被試探傷害。如果所有事都要刨根問底，那最後受傷的只會是你自己。

目中無人的人,自我感覺都特別良好

目中無人的人,
自我感覺都特別良好

你內心恐懼什麼,什麼就會控制你;你身上缺乏什麼,就想表現出擁有什麼。

這是人性的缺陷,也是分寸感的缺失。我們之所以願意與人交友交心,最重要的條件就是對方個性好、人品好。

個性好的人情商也很高,他們知道在你開心、不開心的時候如何相處,也願意為你的快樂真心喜悅,為你的痛苦心疼悲傷。而個性不好的人,通常情商很低,並且做事沒有分寸。在沒有分寸的低情商表現中,最讓人難以忍受的,便是高高在上、目中無人。

自負是一種極讓人討厭的個性,這樣的人不懂得如何與人相處,也處理不好人際關係。即便因為金錢、權勢等問題,讓人不得不與之短暫接觸,那也只能止步於此,無法進一步深交。

生活中,目中無人、自我感覺良好的人不少,在演藝圈裡更是比比皆是。在新入行的人看來,能有位業內的老前輩

Part1　位低莫入眾，言輕不勸人——
　　　情商高的人，自己首先不丟面子

來帶領是再好不過的。

利用老前輩的資源和人際關係，讓奮鬥的時間短上幾年，甚至十幾年，這是每位新人都十分渴望的事情。

然而，某主持人卻在前輩含辛茹苦地為其鋪路後翻臉不認人，並且自我感覺良好，頻頻耍大牌，最後沒有節目願意請他主持，落得慘淡收場的結果。

當時，業內的主持人前輩同時帶了兩位新人，這位自我感覺良好的人暫時稱呼他為小C。前輩用自己的資源和人際關係，將小C一路捧紅，介紹很多節目的主持工作給他，甚至在前輩本人休息的時候，還讓小C代理主持自己全國知名的一檔綜藝節目。

照理來說，飲水當思源，受人如此之恩，應該湧泉相報。可是小C是個自我感覺良好的人，他自負地認為，自己現在所有的一切都是他應得的，前輩並沒有幫助自己什麼。他開始越來越傲慢，看不起跟自己同階段入行的新人，也對業內的前輩們嗤之以鼻，弄得烏煙瘴氣。等到大家忍無可忍的時候，這樣沒有分寸感的人最終被拒之於外。

他後悔了嗎？應該不會，因為他的自我感覺太良好了，他只會覺得委屈，不會覺得後悔。

目中無人的人，自我感覺都特別良好

在脫離前輩和前輩的羽翼後，小 C 開始自己單飛。雖然沒有太多資源，好在前輩帶他的時候，他也培養了一些自己的人脈，於是開始以來賓的身分參加各種節目。

在節目中，小 C 依舊毫無分寸，不僅搶其他主持人的臺詞，還在大螢幕上口無遮攔，絲毫不給嘉賓面子。他沒有感覺到其他人異樣的眼光，因為他眼裡根本沒有其他人。這種毫無分寸的自信，造就了讓人厭惡的自負。

後來，小 C 更加狂妄，連前輩都在另一個節目上直言，小 C 喜歡耍大牌，覺得別人都不配跟他同坐。就這樣，小 C 因為自己的低情商，徹底斷送了在演藝圈的主持生涯，現在也只能像其他過氣的網紅一般，偶爾發文和自拍，顧影自憐了。

演藝圈中，與小 C 處事態度截然相反的是男藝人楊迪。看過楊迪節目的朋友，都知道楊迪是個情商很高，並且極有分寸感的人。

很多人都說，其實演藝圈的水很深，也很渾濁，畢竟在這個五光十色的圈子中，各種性格的人都有。但是演藝圈無非也是生活、工作中的一部分，情商高一些的人，在待人接物方面都會做到有分寸感。有些人能如魚得水，也是憑藉著自己的分寸感。

Part1　位低莫入眾，言輕不勸人──
　　　情商高的人，自己首先不丟面子

　　而楊迪的走紅，除了與他本身的能力分不開外，還與他「會做人」密切相關。他是個很懂分寸感的人，在演藝圈這個大染缸中，始終保持一顆謙遜的心。對曾經提攜他的前輩，楊迪更是抱著「滴水之恩當湧泉相報」的態度。

　　當時，楊迪只是個容貌較不出彩的無名新人，在一場頒獎活動中，主辦方因為楊迪的外貌而不讓他上臺領獎，在場的前輩見狀很生氣，決定要幫助楊迪打響知名度。有了前輩領路，楊迪接觸到更多資源，也讓大家逐漸愛上這個情商很高的大男孩。

　　在節目上，楊迪很動容地說：「我們全家都很感謝前輩。」這句話讓人聽上去很想笑，但卻是楊迪發自肺腑說出的。在前輩懷孕期間，楊迪不僅經常探望，還從老家寄來了很多核桃。楊迪說，聽說懷孕的時候多吃核桃對胎兒好。前輩還調侃地道，楊迪是不是很傻氣，這郵費比核桃還貴呢。但正是這樣「傻乎乎」的行為才讓人感動，也讓楊迪的品行被網友們稱讚。

　　在楊迪參加的另一檔節目中，他與幾位專業演員一起上臺表演。楊迪很有自知之明，他知道自己是諧星，在演戲方面的專業不足，因此，他一直保持著謙遜認真的態度。尤其當有演員加入時，楊迪與對方握手都是彎下身體的。這是楊

目中無人的人，自我感覺都特別良好

迪對演員前輩的尊重，也是很有分寸的一個舉動。正是這樣的舉動，讓無數網友紛紛按讚：真是情商太高了。

楊迪還是演藝圈新人時，他對自己的定位就已經很明確了，他也知道自己的實力有多少，知道自己缺少的是什麼。高情商的人都知道，只有聰明且懂分寸才能贏來更多發展機會。楊迪的高情商和分寸感，不僅讓網友們紛紛買帳，也讓其他主持界前輩十分認可。

人，是需要從學習中完善、改變自己的。如果不懂虛心的意義，只能原地踏步，一無是處。

當然，對自負的人來說，跟他們講道理是沒有用的，因為他們不認為自己有缺點，也不覺得自己有必要學習。目中無人的人，看待事物的方式很膚淺，他們不會放下自己的「身價」，去了解他們並不懂的事情。如果沒有一個契機，讓他們知道自己的膚淺，那他們就會一直「自我感覺良好」下去，最後在交際中一敗塗地。演藝圈的女性大多姿容俏麗，身材姣好。如此的條件，自然會讓一部分女性驕傲自負，目中無人起來。然而，也有一部分女性是演藝圈裡的一股清流，她們的美，是有分寸且恬淡的美，她們可以巧笑倩兮，也可以從容大方。

比如女藝人韓雪在參加某綜藝節目時，雖然只出場了6

Part1　位低莫入眾，言輕不勸人——
　　　情商高的人，自己首先不丟面子

　　分鐘，但是她的知性修養就已展現在大眾面前。她的坐姿、站姿和行走姿勢，都讓人感到優雅舒適。

　　節目上經常被其他女星嫌棄的班底主持人，也因為韓雪的到來感受到了溫暖。當主持人受罰，被噴了滿身奶油之後，韓雪為他遞上了紙巾，還送上了擁抱。這樣高情商、懂分寸的女星，想來也沒人會說她的不好了。

　　在別人虛心學習時，自負的人會嗤之以鼻：「腦子不好，學什麼東西也沒用」；在別人有所感悟時，自負的人會冷嘲熱諷：「這些東西，我稍微一想就明白了」。

　　可是就在他們自我感覺良好的時候，情商高的人已經成了「能力者」，成為真正優秀的人。只有那些自我感覺良好的人，還在自己的夢裡顧影自憐著。而這種精神上的劣習，也會讓他們和這個社會充滿隔閡。

　　在這個資訊爆炸的快節奏時代裡，我們很容易受到別人影響，也很容易變成讓人討厭的人。因此，提高情商、懂得分寸、守住本心是非常重要的。

　　畢竟最好的救贖源於自救，而最好的改變則源於自省。

不爭面子，就不會沒面子

不爭面子，就不會沒面子

大部分人都有一個缺點——愛爭面子。我見過欠了一屁股債，也要請客吃飯的，見過到處開口借錢，就為了買一件奢侈品的，也見過月入九千，卻跟周圍人吹噓幾百萬生意的。這種情況在生活中很常見，他們對周圍人也沒什麼影響，無非是成為人家飯後的笑料和談資罷了。可是對他們自己來講，每一次「爭面子」，都會讓自己原本的生活雪上加霜。

說到底，喜歡充面子的人無非是虛榮和自卑的，他們在生活中沒有面子，所以想努力補足匱乏感，覺得戴上了好錶就是有面子，穿上了貂皮大衣就是有面子，抽一盒500元的菸就是有面子。

問題是，別人非但不會因為這件東西就對他另眼相看，反而會嘲笑道：「都窮成這樣了，還花這錢出來擺闊。」可見，這些錢還不如用來學個技術、提升自己的能力。

那麼，面子到底是什麼？為什麼有這麼多人都因為面子活得很窘迫？其實，面子就是人在這個社會上的行為舉止以及身分地位，人們總需要面子來獲得社會的尊重。有些人很

Part1　位低莫入眾，言輕不勸人──
情商高的人，自己首先不丟面子

努力，能力也強，工作好、個性好、家庭好，這樣的人自然有面子，他們即使穿最便宜的衣服，也會獲得社會的尊重；有些人雖然能力不夠，家庭條件也不好，但是他們很努力，個性也很好，這樣的人大方簡單，也很受他人歡迎；有些人沒有能力，不上進，二三十歲了，還跟家裡伸手要錢，個性或陰鬱或虛偽，這樣的人即便錦衣玉食，也讓人發自內心覺得不屑，也不會被人看得起。

那麼，我們是不是不應該愛面子呢？不是，面子是一定要愛的，畢竟面子大過天。但是這個面子不是玻璃心，很多人都把自己的玻璃心當成面子，那這種面子就很脆弱，動不動就會碎裂，動不動就要修復、維護。還有一種就是沒能力，但是自尊心特別強的人。這種人跟「玻璃心」一樣，會活得很累。

人們都想獲得社會的尊重，特別是玻璃心和自尊心強的人。可他們往往要學識沒學識，要能力沒能力，要情商沒情商，要分寸沒分寸，憑什麼期望別人給他們面子呢？就憑藉錢或貸款買來的奢侈品嗎？想想也知道不可能。

再者，玻璃心族群的情商普遍很低，並且沒有分寸感。有時候，別人稍微提點一下他們身上的問題，就可能讓「玻璃心」面子破碎。

不爭面子,就不會沒面子

有人說,「玻璃心」都是窮人,越窮越是玻璃心,越玻璃心越是窮,最後成為惡性循環。雖然我不敢苟同這句話,但是我認識的幾個「玻璃心」確實條件不好,能力不夠,而且自尊心格外強。他們想過得比誰都好,想讓眾人景仰他們,但是能力卻支撐不了蓬勃的野心,只能靠爭面子的方式,修復自己破碎的自尊心。

還記得在某年春節特別節目中的一個短劇中,男主角因為好面子,不想被其他人比下去,於是經常在外面跟朋友和主管吹噓自己多厲害,本事多大,像買火車票這種事打個電話就有人給送上來。結果,公司上的人當了真,經常找他幫忙買火車票。

為了圓謊,也為了讓自己不丟面子,他不得不自掏腰包,在三更半夜頂著寒風去火車站排隊買票。大家看他真買到了票,紛紛敷衍地稱讚他有門路真厲害,但是心裡依然沒看重他。最後,主管也以為他有門路,於是讓他打個電話給火車站的「熟人」,要包用車廂。這回他就承擔不了了,最後只是讓自己狼狽不堪,面子盡失。

像短劇中男主角的人,在我們的生活中是非常常見的。大部分的人因為虛榮、自卑等因素,格外在乎別人的看法和想法。要知道,如果你沒有能力,即便天天請對方吃山珍海

Part1　位低莫入眾，言輕不勸人─
　　　　情商高的人，自己首先不丟面子

味，對方也會在背後不屑地跟人說：「他這人很奇葩，自己沒能力，要麼跟他爸媽伸手要錢，要麼就到處跟人借，還不要臉地請我們吃飯。」

所以，我們打腫臉充胖子，最後受傷的只能是自己，還不如一始就真誠待人，好好努力，說不定在不經意之間，你就收穫了面子。還有，面子也有輕重之分。有些人為了買東西爭面子，拉下臉到處借錢，最後沒錢還，到處鞠躬哈腰地說好話、賠笑臉。他們沒想到的是，自己的「面子」其實早就丟失了！人品、信譽這些品格才是最重要的面子，這個面子是非要不可，不能丟掉的。為了借錢買東西爭面子，就把最重要的東西丟了，這能叫要面子嗎？稍微有點情商的人都知道不能這麼做。

欠錢不還，最後借不到錢的時候，他們又開始覺得沒面子了。可面子是自己爭取來的，在一次次開口、裝傻、賠笑臉、說好話的過程中，面子早就丟到了十萬八千里外了，這種時候還想著是別人不給他面子的人，要麼是臉皮太厚，太沒分寸，要麼就是有被害妄想症，覺得全世界都在針對他，都不想給他「面子」。

而且，面子和尊嚴之間是不能畫上等號的。丟面子不過是皮膚上的刺痛感，是一點羞恥心，人有羞恥感是正常的。

不爭面子,就不會沒面子

人家一個月賺一萬,你一個月賺五千,一起談工作時,你可能會有點羞恥感,但這是無所謂的,羞恥感反而會刺激你,讓你進步。

可是當你為了要錢買東西,跪著求人家施捨你幾十塊幾百塊,甚至為了錢去偷、搶、借高利貸,那才是真的沒有面子,因為你已經把尊嚴踐踏在地上了。

可見,面子一定要分輕重。輕,是你犯錯被人指出來,這種面子要不要無所謂,未來還能再贏回來;重,就是人品、信譽、信仰、尊嚴,這面子要是丟了,再找回來就難了。

周潤發是演藝圈的老大哥,也是位很節儉的藝人。網友曝光周潤發自由隨性的生活方式,讓網友不由得大呼:「原來你竟然是這樣的發哥。」

周潤發出門時,一般都是搭乘大眾交通工具。跟妻子外出吃飯時,也會選擇價格合理的餐館或路邊攤。如果有剩飯,發哥也一定會打包回家,絕不浪費。

奇怪的是,發哥這樣「不要面子」的行為,反而受到網友的一致好評。2017 年 8 月底,香港遭受颱風襲擊,當時,全香港為了躲避颱風,都停班停課,網友卻發現周潤發冒著風雨,徒手清理路面的樹木。

033

Part1　位低莫入眾，言輕不勸人──
情商高的人，自己首先不丟面子

事後，發哥接受採訪時從容地表示，當時正搭車準備回家，「看到馬路上有棵樹，所以下車幫忙把樹枝挪開，方便大家可以通行」。

相比發哥的簡樸出行，反觀當下娛樂圈裡的一些新人，不管工作還是旅遊，總是安排很多隨扈和工作人員，彷彿只有前呼後擁的風光，才能彰顯自己的面子。某韓星落地機場時，安排的隨扈甚至比來接機的粉絲都多，實在是搬起石頭砸自己的腳，讓自己面子盡失。

其實仔細想想，生活中大部分丟面子的事，都是因為自己非要爭面子，如果愛面子能有個分寸，也許丟面子的事情就不會發生了。

在這裡，我也要奉勸各位年輕人別太爭面子，因為大多數年輕人沒本錢、沒資歷，能力也不太強，你的面子還不值錢。如果現在為了爭面子而打腫自己的臉，將來肯定不會有面子。反而年輕的時候少看重無聊的自尊心，以後才能被人尊重。

我打個簡單的比方：其實人品、尊嚴、信譽這些就是你的前腳，你需要用前腳不斷向未來邁進；而虛榮的面子是你的後腳，只要不拖後腿即可。

誰都是自下而上走的,如果你最開始就到了頂峰,以後肯定要走下坡路,受到別人的冷眼與嘲笑。當年輕人想爭面子的時候,不妨告訴自己:「現在暫時低頭不可恥,以後長久抬頭才可貴。」

Part1　位低莫入眾，言輕不勸人—
　　　情商高的人，自己首先不丟面子

別信「至交」，關係越好越要留餘地

　　生活中愚蠢的行為，就是和重要的人爭論不重要的事，還非要分出個輸贏對錯。

　　人這一生中，或多或少都有那麼幾個好友，而一位知心好友也是人們在生活中不可缺少的一部分。對大部分人來說，跟知心好友的感情甚至比跟兄弟姐妹的感情更深厚。

　　然而，正是因為雙方關係過於親密，一些話也就不知不覺地脫口而出。一開始，我們帶著對彼此的信任，向對方袒露自己的心裡話或隱私；可後來，當我們與對方決裂，或對方根本不是真心對待我們時，這些曾經的信任，反而成了殺傷力最大的利刃，直刺內心。

　　2012年底，女藝人佘詩曼接受採訪時很無奈地說道：「十幾年前，跟一位好友講了一些事，這位好友居然把事情透漏給記者，利用我來炒新聞。而且有些事明明沒發生過，卻被說得好像真的，無端登上了幾個星期的頭條。」

　　像佘詩曼的情況，在演藝圈還有很多。人們常說，演藝

別信「至交」，關係越好越要留餘地

圈裡沒有真感情，當然這也是不正確的，圈內真正的好友確實也不少，但經好友口中有意無意曝光隱私的事情也是層出不窮。

前幾年，一位還不是很有名的演員小Z，參演了一部在當時很知名的劇。在劇組時，她認識了另一位女演員。兩人年齡相仿，聊起來自然很投緣。誰知，在小Z走紅了之後，這位女演員竟然在節目上大肆爆料小Z的隱私，甚至將小Z之前交往的男星名字曝光出來博眼球，引起軒然大波，小Z的演藝事業也受到了一定影響。

可見，真正的知心朋友雖說是無話不談，但是有些事情、有些想法，不管跟對方的關係有多親近，我們也不能說。千萬別信「至交」這樣的話，因為所有關係都在一定的分寸之中，高情商的人不會踰越這個分寸，以免給自己留下安全隱患。

那麼，有哪些話是不能宣之於口的呢？

一、自己的朋友、家人曾說過對方的壞話

再要好的知心朋友，也不能讓對方知道自己的家人或朋友曾談論過他們的是非。雖然真正的知心好友並不會因你的家人、朋友不喜歡他們而疏遠你，但是這些話卻會傷害對方的感情，讓對方覺得傷心難過。畢竟誰都不希望有人討厭自

Part1　位低莫入眾，言輕不勸人——
　　　情商高的人，自己首先不丟面子

己，更何況討厭自己的，還是知心好友的親人呢？

所以，我們在與人來往時，不要將親人對朋友的成見告知對方，就算我們沒有站出來維護朋友，也不應將這些話轉述給朋友聽。如果事情嚴重，兩個人的友誼會變淡，甚至會為彼此的感情畫上句號，實在是得不償失。

二、自己曾經愛過對方男（女）朋友的事

這種事放在普通朋友身上都覺得尷尬，何況是要好的知心朋友。

一個優秀的人，確實會引起很多注意的目光，但如果直白地告訴你的好友：「妳男朋友太好了，我以前一直都喜歡他，我們還曾經……」可能你覺得自己是無話不談，但是對方聽了你這樣的發言，又該做何感想呢？

沒人願意聽到自己男友對另一個女生溫柔體貼的往事，而且那個女生還是自己的好姊妹。

三、讓對方失去尊嚴的玩笑

每個人都經歷過讓自己難堪或恥辱的事情，其中大部分都來自別人有意無意的玩笑。如果是關係一般的朋友，或不太熟悉的陌生人與自己開玩笑，我們通常會毫不留情地叫對方閉嘴。可如果口無遮攔的是自己的好友，那我們大部分人

別信「至交」，關係越好越要留餘地

都會為了維護友情三緘其口，將這件事深藏在心裡，讓時間將其沖淡。

所以，當我們知道好友糗事時，一定不要公開它或者拿它去開玩笑，這樣會影響朋友的形象，也會讓你們的友情亮起紅燈。因為在朋友面前拿這些事開玩笑，會讓好友再次失去尊嚴，讓好友覺得無地自容。當開玩笑的次數多了，好友也會克制不住自己的情緒，這樣一來，友情就容易受損了。

因此，我們應當明白，開玩笑必須有分寸，這樣才是尊敬朋友，也才是一種情商高的表現。

電視節目《康熙來了》停播後，主持人小S被邀請主持另一檔綜藝節目。在節目上，小S請來了自己的好姐妹范曉萱、阿雅等人助陣。對小S來說，這本來就是一場姐妹歡聚的盛會，可是節目進行到一半時，小S卻突然感性落淚，對阿雅開始道歉。

小S說，阿雅和自己是國中同學，自己一直把開對方玩笑的習慣帶到了工作中。直到有次阿雅對小S說：「請妳以後不要在大家面前這樣開我玩笑，很不舒服。」小S愣了一下，有些尷尬，然後趕緊向阿雅道歉。雖然小S道歉了，但這件事情還是為二人的好友關係蒙上了一層陰影。

時隔多年，小S在節目上舊事重提，拿這件事情告訴大

039

Part1　位低莫入眾，言輕不勸人—
情商高的人，自己首先不丟面子

家，也告訴自己：「小時候的玩笑可以開，但是每個人都會改變，都會成長，當她想改變、想成長的時候，你還是用同樣的方法對待她，那就是你不夠尊重別人、不夠愛她。」

看過《康熙來了》或小S主持的其他節目的朋友，肯定知道小S與阿雅之間的關係。小S和阿雅是好姐妹，她們之間除了會互相幫助、鼓勵外，還會互相開玩笑，可以說關係確實非常親密，但是相比於其他姐妹，小S對阿雅顯得很「不客氣」。

或許是因為阿雅脾氣太好，一直默默忍受這些玩笑，所以小S從來沒意識到自己的問題出在哪裡。後來，阿雅將原因挑明，小S也是個很聰明的女生，她立刻知道了，自己曾經開過的玩笑傷害了阿雅。於是，她選擇為自己曾說的話公開道歉。

可見，有些好友間的玩笑看上去輕鬆詼諧，實則卻是尖銳刺激的事情。而且，開玩笑的前提必須是對方心甘情願，如果對方不情願，甚至牴觸這樣的玩笑，那你的心直口快和幽默就通通成了利劍，會刺痛好友的心。

因此，「至交」之間不亂開玩笑，不僅是一種高情商，更是一種修養和分寸感。真正的朋友，從來不會將上面的三點像向對方訴說，哪怕對方跟自己的關係非常親密。

別信「至交」,關係越好越要留餘地

交友不易,交到一位知心好友更是難上加難。真正的朋友,會在我們最需要的時候伸出手,幫助我們擺脫困境。因此,為了維護友誼,有些話寧願掩埋於心裡面,也不要口無遮攔,這樣才是有分寸感的表現。

Part1　位低莫入眾，言輕不勸人—
情商高的人，自己首先不丟面子

情商高的人，
只是比你多懂一點「交淺不言深」

　　交淺言深雖然只有短短四個字，卻道盡交際的核心。「交淺言深」，最早出自《後漢書‧崔駰傳》，其原文為：「駰聞，交淺而言深者，愚也。」意思是說，跟交情尚淺的人推心置腹地深談，其實是件愚蠢的事情。正如大文豪蘇東坡給皇帝的上疏中提到的那樣──「交淺言深，君子所戒」。

　　主持人蔡康永講過這樣一件事，當時，他跟一位很久沒聯繫的女性友人談話，為了開啟話題，他問了句：「你先生很好吧？」讓人沒想到是，他的這位女性友人瀕臨離婚，蔡康永這句話讓她覺得心裡很不舒服，她不確定蔡康永的目的是刺探消息，是表達同情，還是出言諷刺。總而言之，他們的關係就此疏遠了。

　　當然，在這件事上蔡康永也是無辜的，只不過成年人的交友圈裡有太多地雷區，稍不注意就會觸碰到。所以，蔡康永也調侃自己，為什麼當時要問她先生的事情，為什麼不多聊聊當時流行的電影。

情商高的人，只是比你多懂一點「交淺不言深」

可見，交淺言深，著實是人際往來的大忌。

由於歷史上的前車之鑑太多，交淺言深逐漸變成人際往來的忌諱，一些過來人不斷地告誡自己的後輩，對關係不到位的人，千萬不要「言深」。那麼，我們應該如何判斷「交淺」與「言深」呢？

先看「交淺」。人與人之間的關係，其發展過程無非是這樣的：「陌生 ── 親密 ── 疏遠 ── 關係終結」。專門研究人際關係發展過程的社會心理學家認為，人際關係的發展過程其實是由表層交往向密切交往過渡的，也就是滲透式的發展。

交情的深淺，就是看彼此的關係發展到了什麼階段，「交淺」指的就是兩個人還在表層交往期間內的點頭之交，對於表層交往關係的人，我們就不適合透露太多。

再說「言深」。首先，你必須知道一個觀念：自我揭露。自我揭露是指有意透露跟自己相關資訊的過程，這些與自己相關的資訊通常都是重要的，並且不為人所知的。而言談的深淺，就是自我揭露程度的高低。

人們能夠從深度和廣度這兩個維度，來衡量自我揭露的程度究竟如何。

深度，是指當事人自願提供資訊的深度。比如同事之

Part1　位低莫入眾，言輕不勸人——
　　情商高的人，自己首先不丟面子

間，除了討論正常的工作外，開始無意識地討論心儀的對象和家庭情況。再比如，男生對女生說「我愛你」，就比「我覺得你不錯」的揭露更深，而「我愛你，我要馬上娶你」又比「我愛你」更深一層。

　　廣度，指的是當事人自願提供資訊的廣度，即所討論話題涉及的範圍。

　　比如，你和室友從只討論與學習相關的話題，到開始談論最近的綜藝節目和流行歌曲等。

　　人與人能從陌生人變成終生摯友，也能從陌生人變成彼此的摯愛。從某種意義上講，正是「交淺不言深」的滲透式自我揭露，才讓彼此避免了因揭露太快而引發的不適。

　　說白了，喜歡「交淺言深」的人，往往是一群想走捷徑的人。為什麼有人明知這些道理，還會選擇「交淺言深」呢？其背後的動機總結起來只有三個字──套近乎。

　　現實中也有不少這樣的例子，有時候，你明明跟對方不熟，對方卻偏偏要探聽你的隱私。但是說到底，交際是一場你來我往的活動，一廂情願是沒用的。這些人就是不明白，與人來往，其實貴在分寸。

　　那有人就不明白了，自我揭露確實可以促進關係發展，而層次越深的自我揭露，就能帶來越親密的關係，這也幾乎

情商高的人，只是比你多懂一點「交淺不言深」

是每個人跟他人建立社會關係的本能。就連小孩子都知道，彼此交換過小祕密的朋友會與自己變得更親密，會讓彼此的關係和其他人不一樣。既然如此，「交淺」為什麼不能「言深」呢？這是因為這樣的策略需要承擔巨大的風險。

首先，我們無法控制隱私暴露的風險。有不少人將「交淺不言深」這句話當作座右銘的原因，就是因為之前被人背叛過。

比如跟某人說了自己的祕密，結果轉頭這個祕密就變得人盡皆知；跟某人說了其他人的壞話，結果當事人立刻就知道自己對他的負面評價。這些慘痛的代價，就是人們得出「交淺言深」是人際地雷區、來往禁忌的原因。

但這些情形並非是「交淺言深」造成的，更重要的是識人問題。如果你把祕密告訴給你的摯友，而你摯友原本就是個大嘴巴，那即使你們關係再深，你的祕密也是透明的。而如果你把祕密告訴一個很可靠的人，即便你們的關係尚淺，他卻可以為你守口如瓶。

當然，如果是你對其他人說了第三人的壞話，而被對方轉告給當事人，不僅是你自己識人不明，也說明你的人品有些卑劣。君子坦蕩蕩，不應該在背後輕易評斷他人，而定論一出，就要勇於擔當，若你沒有在當事人面前，把自己對其

Part1　位低莫入眾，言輕不勸人──
情商高的人，自己首先不丟面子

他人說的話原封不動再說一遍的勇氣，那你就要管好自己的嘴，做一個磊落的人。

話在說出口之前，你是它的主人；話在說出口之後，你就是它的奴隸。

其次，牽扯不清的關係是交際的毒藥。舒服的人際關係，其前提是釐清彼此的關係與身分。現今的社會，人與人之間的關係無非以下幾種：工作關係（上級、下屬、同事）、地緣關係（各地區社團法人或俱樂部）、血緣關係（直系親屬與旁系親屬）、學緣關係（室友、同學、校友）。

各種關係的親疏遠近是有別的，每個人在釐清彼此的關係時，應該要先斟酌自己的身分地位，對於不同身分的人，要知道該說怎樣的話。自我揭露是需要雙方共同達成的，「交淺言深」需要知道自己與對方的情況。

最後，因為資訊不對稱，容易觸碰人際地雷區。在交情尚淺的時候，彼此間最大的問題就是不夠了解，彼此的資訊是嚴重不對稱的。若在此時「交淺言深」，就很容易碰到人際地雷區。

對於前面提到的蔡康永關於「交淺不言深」的感悟，他也給出了自己的建議：「第一，對方很容易有苦衷的，不方便對不熟的人說，比方說財務狀況、身體疾病、感情狀況等等；

第二,是對方很容易有強硬立場的,談起來容易起爭執的,比方說支持哪支球隊、討厭哪個藝人、素食者攻擊葷食者,或者反過來葷食者攻擊素食者等等。」

與人來往,有些話等著交情深入後再講真的不遲。那麼,你到底還要踢多少鐵板,才能學會「交淺不言深」呢?

Part1　位低莫入眾，言輕不勸人──
　　　　情商高的人，自己首先不丟面子

有些話，只能在特定場合說

　　在生活中，我們不難發現有些人似乎是天生的「人際樞紐站」，大家都喜歡跟他們說話、來往，即便他們身處陌生的環境，也會因為有「人緣」，而一開口就贏得眾人讚賞，調動周圍人情緒，讓大家爭相與之來往。

　　這種好人緣在心理學上被稱作親和性。這其中的奧祕，就是能跟對方找到相同點，讓對方知道你是他的「自己人」。這樣一來，彼此在交流時，對方就會因為你是「自己人」而心生親切，進而願意與你接觸，拉近彼此距離。

　　在交際法則中，高情商的人都有一條「不成文的規定」，那就是：人際高手都會注意所處的場合，知道在什麼場合說什麼話。

　　「到什麼山，唱什麼歌」，這是古人流傳下來的交際經驗，也是與人來往的一種分寸感。談話的分寸感，就是根據具體的環境、場合和談話對象，用不同的語言、語氣表達自己。這些話會對我們的交際產生不可估量的作用。

　　對於不同場合的話題選擇，我們要有不同的理解和拿

捏。畢竟同樣的一句話，在不同場合，對不同的談話對象會引起不同的心理情緒和交際效果。因此，如何巧妙地利用場合效應，在不同的場合收穫不同的效果，就成了一個值得提倡的議題。

「一句話說得人笑，一句話說得人跳」，這都是功夫。就以去別人家做客來說，一進門，就讚美一番房屋的裝潢、家具等，再誇讚前來迎接的女主人幾句，如年輕漂亮、賢惠大方等，誇獎小孩子聰明伶俐、乖巧懂事等。當受主人邀請吃飯時，要對菜色的搭配、口味等表示讚美，這樣才會顯示出自己的情商和分寸。

試想，如果你一進門就說：「這裝潢的是什麼啊，空間怎麼這麼小？」或者看見女主人和孩子張口就說：「大嫂最近胖了吧？」「這小霸王跟你長得一點都不像啊！」，就會引起對方的反感。即便主人不會當場發飆，也會在背後埋怨、吐槽你，不再邀請你做客。

再比如我們參加婚宴時，一定要挑誇讚對方的話說，比如「郎才女貌」、「夫婦和順」等。如果上來就說，「你家這女婿一臉凶相，是不是會家暴啊？」或者「你媳婦臉真長，好像我家養的牛頭㹴。」那對方好好的心情就會被打亂，下次也不會再邀請你參加宴會了。

Part1　位低莫入眾，言輕不勸人—
情商高的人，自己首先不丟面子

　　到什麼場合說什麼話，這是情商高、有分寸的表現，一個聰明人，肯定能分清什麼場合說什麼話才合適。根據不同場合，選擇最恰當的說話方式，這樣才能最大程度地考慮到談話對象的感受，也能最大程度地達到與對方愉快交談的目的。

　　美國前總統雷根，有一次在國會開會前，為了測試麥克風是否可以用，張口便說：「各位請注意，五分鐘後，我將宣布對蘇聯進行轟炸。」此話一出，頓時全場譁然。為此，蘇聯政府提出了強烈抗議，令美蘇局面更為尷尬。

　　雷根總統的話雖幽默，卻脫離了當時的場合以及聽眾能夠接受的程度，故而造成的結果不是幽默而是慌亂。這種讓人尷尬的玩笑，就像「狼來了」的故事一樣。自以為是在調侃別人，最後只會讓自己處於尷尬的境地。

　　什麼樣的環境下開什麼樣的玩笑，能證明一個人是否會說話。一般來說，調侃別人本來無所謂是否顧慮到對方的尊嚴。但是如果使對方太難堪了，那就失去了開玩笑的意義。

　　並且，不同的場合，對幽默的措辭也有著不同的要求及限制。比如，在相對高雅的宴會上，需要的是高格調以及高涵養，但這並非是禁止相互調侃，而是調侃的言語需要與這份高雅相配。也就是說，調侃中的言辭必須是積極、正向、

讚美、愉悅的。一個懂得在不同的場合恰如其分地調侃他人，為他人和場面帶去歡樂的人，必然會引起大家的好感和關注。

如果說話不看場合，再優美的語言也會產生不好的效果。比如我們在參加喪禮時，如果使用「今日陽光明媚，晴空萬里，真是個好天氣」，或者默哀致辭表現得如同說相聲，那就會讓家屬暴跳如雷，不但不會感謝你，還有可能會暴打你一頓。

從話語形式上看，如果是在正式場合，那說出的話一定要語句完整、語法規整，並且注意避免不適宜的字詞；如果是在緊急情況下，則需要精煉出關鍵詞來提醒談話對象。比如過馬路時，副駕駛的一句「紅燈」，就比「前方交通號誌變紅了，你要注意煞車，你要是不遵守交通規則，就會影響我們大家的安全」來得簡單有效。

在什麼場合說什麼話，這是體現人們分寸感最為直觀的表現之一，也是人們在長期人際往來中總結出來的經驗。在合適的場合，說出適宜的話，不僅能體現我們的情商，也能讓對方對我們迅速產生好感。

Part1　位低莫入眾，言輕不勸人─
　　　情商高的人，自己首先不丟面子

高情商不只是會說話

　　在情商修養中，我們既是金子，亦是淘金者。一個人的情商，可以從他的很多方面體現出來。不管是言談舉止，還是為人處世；不管是處理問題，還是面對人生。人際關係中的許多微小細節，都能夠直接反映出一個人的情商。很多人都覺得，所謂情商高，就是會說話。當然，這句話並無問題，只是「會說話」僅僅是高情商的一個小方面，情商高低也並不只在於會不會說話。

　　不可否認，情商與說話之間有著密切的關連，一句簡單的對話，就有可能暴露出我們的情商。一般來說，情商較高的人都很會說話。如果沿著說話這一點向外擴展，情商更像是理解別人，並與別人相處的能力。在這個基礎上，依然還能向外延伸情商的範圍。

　　情商不僅包含了如何與別人相處的內容，同時也涵蓋了與自己相處的內容。但是從當前時代來看，人們對情商還存在著一些常見的誤解。

　　將情商和會說話畫等號，這應該是對情商的一個最為經典的誤解。

高情商不只是會說話

如果會說話就能夠代表情商高的話，情商的範圍可就被人為縮小了太多。提高說話技巧能夠提高情商，這種觀點並沒有錯。但是如果說把話說周全，就能代表情商高，這就有些本末倒置了。

女演員賈玲是一個很單純的人，她雖然單純，但是也十分親切、有分寸。在表演時，她總是非常認真，而且對自己的要求非常嚴苛。正是因為她嚴於律己的性格，才為人們呈現出一個又一個品質極高的作品。

賈玲為了達到戲劇效果而不顧女性形象的演出，不僅給讓人們帶來了歡樂，也讓人們看到了這位「女子漢」的高情商。她的反應能力很快，有她在的節目，就不會出現什麼難以挽回的尷尬，因為她會把尷尬的點都放在自己身上。

在她主持的某節目中，一位媽媽做了一個瑜伽的反轉祈禱式，就是將雙手背後合十。這個動作比較考驗柔軟度，節目上的一位資深嘉賓也想試一下，但是卻發現這個動作很考驗身形。這位資深嘉賓給人的感覺一向是優雅的，此時卻因駝背問題，導致動作完成得比較困難。

賈玲發現了這個問題，於是趕緊站在嘉賓旁邊，故意笨拙地做出這個瑜伽動作。賈玲一直是「肉肉界的女神」，她不計形象做出這個舉動，無非是幫助嘉賓解圍。

Part1　位低莫入眾，言輕不勸人——
情商高的人，自己首先不丟面子

　　值得一提的是，賈玲站在了嘉賓左邊。雖然二人離得很近，但是她並沒有喧賓奪主，搶了嘉賓的鏡頭。可見，賈玲的情商的確很高。

　　從頭到尾，她並沒有說什麼豪言壯語、金玉良言，卻在無聲勝有聲的情況下，用幾個動作幫助嘉賓化解了危機。實際上，說話技巧只是情商的一小部分。高情商的人很會說話，同時還會運用各種方式表達。

　　情商高除了會說話方面，還包括如何更好地透過溝通推動事情的進展。說話只是情商的一種表現，而不是最終唯一歸宿。高情商並不是為了將話說好，而是為了順利地溝通。

　　把情商單純看作是人際協調能力，也是對情商的一種誤解。我們經常會遇到一些社際能力很強的人，看到他們在交際場合遊刃有餘的樣子，便認為他們的情商也如社交能力一樣高。但是實際上，情商並不能完全等同於人際協調能力。

　　從定義上來看，情商是一種察覺情緒存在、區分情緒種類、利用情緒資訊來指導決策和行為的能力。而人際協調能力則是指妥善處理、組織內外關係的能力。單從定義上就可以看出二者的不同。

　　情商更偏向於情緒控制，而人際協調能力更多是人際關係處理。情商和人際協調能力有許多重合的地方，人際協調

高情商不只是會說話

能力在很多時候也可以體現出情商的高低,但單純將二者等同視之,就出現了和前面情況相同的問題。

認為情商就是心機,也是對情商的一種誤解。單純從表現上來看,情商和心機並不太容易區分。情商高的人能夠控制情緒,理性的表達情感。心機較深的人為了達到目的,會刻意隱瞞情緒,從表面上看這些人十分理智,但其內心往往是瘋狂的,總會心口不一。

現在我們常說的「角色設定」就可以算作是一種心機,而不能算作是情商。大灰狼為了吃掉小紅帽,偽裝成小紅帽的外婆,這是童話故事中的「角色設定」。有些藝人本來不喜歡小動物,但是在鏡頭前或社群媒體上還經常展現出自己與小動物的親密照片,這就是現實中的「角色設定」。

當說到心機這個詞的時候,往往帶有貶義意味,而情商則是中性詞彙。情商高的人能夠管理好情緒,也能及時發現他人的情緒變化。在整個過程中,並不涉及利益的因素,情商高的人透過掌控情緒來讓自己更加得體,同時也帶給了對方舒適。心機較深的人控制情緒,則是為了達到預定目標,以獲取預期利益。

如前所述,情商可以分為情緒察覺、情緒管理、情緒驅動、情緒理解、社交技巧五個方面。會說話僅僅是這五個方

Part1　位低莫入眾，言輕不勸人——
情商高的人，自己首先不丟面子

面中的一個，想要真正了解、提高情商，僅僅學會說話是不夠的。

從這五個方面可以看出，情商更多還是自我情緒的認知和管理。因此想要提高情商，與其全身心投入說話技巧的學習中，不如努力學習如何認知和管理情緒更划算一些。

拿破崙曾說：「能控制好自己情緒的人，比能拿下一座城池的將軍更偉大。」情商高的人在與人交往時會洞察別人的需求，懷著真誠和善良的心，約束和管控自己的情緒。一般來說，控制和管理情緒可以從以下幾點著手。

首先要劃定心理邊界。邊界感弱的人，容易在言行舉止上冒犯別人。邊界感強的人又容易與他人產生疏離感。只有劃定清晰的心理邊界，才能建立良好的人際關係，也才能讓自己的情緒更加穩定。控制情緒之前，我們首先需要控制好自己和他人之間的心理距離，找到自己的原則，也要接受他人的原則。

其次要改變抱怨的情緒。抱怨可以算作一種發洩情緒的手段，但卻不是正確的手段。發發牢騷雖然能在一定程度上抒發鬱悶的心情，實際上卻是將負能量傳遞給了別人。情緒不好時，抱怨是無濟於事的，這樣不僅不會讓自己的情緒有所好轉，還會進一步累積負面情緒。

管理情緒首先要做的一點，就是改變抱怨的習慣，將抱怨轉變成其他情緒發洩方式。將負面情緒真正清理出去，才是改變情緒的正確手段。

　　最後還要學會和不同類型的人相處。我們會遇到各式各樣的人，有的人喜歡裝腔作勢，有的人則喜歡阿諛奉承。遇到討厭的人，每個人都想敬而遠之。但是我們總要與人交流，與其躲避，不如更加靈活地與對方溝通，控制好情緒。

　　低情商的人無法控制情緒，所以經常會喜怒無常，被負面情緒困擾。高情商的人懂得控制情緒，能夠與他人更加舒適地相處，生活中也總是春風得意。

Part1　位低莫入眾，言輕不勸人──
　　　　情商高的人，自己首先不丟面子

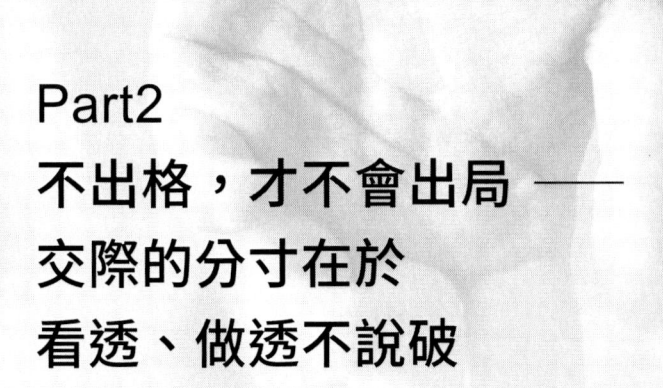

Part2
不出格,才不會出局 ——
交際的分寸在於
看透、做透不說破

Part2　不出格，才不會出局─
　　　　交際的分寸在於看透、做透不說破

事情做得過頭一點沒關係，話絕不能說過頭

我們用三年時間就學會了說話，但卻得用一輩子的時間去學習如何閉嘴。因為話該什麼時候說、該怎麼說，都是在考驗一個人的說話分寸。

俗話說得好：「事可以做絕，話不能說絕。」當然，這不是說事情做得過分，而是指做事要乾淨俐落，不能拖泥帶水。但是說話就不一樣了，如果我們把話說得太絕對，下次有求於人時，就等於把自己的後路堵死了，也把兩個人的關係弄僵了。

把事做得太過頭了，這件事就終止了；可把話說得太絕對了，兩個人的關係也走到盡頭了。

在與人交談時，我們可以借助適當的調侃，展現自己的幽默與智慧，還可以吸引別人與自己來往，拉近彼此關係。可凡事都要有分寸，如果玩笑開大了，或者只拿對方調侃，而不調侃自己，只會得到與預期相反的結果。

事情做得過頭一點沒關係，話絕不能說過頭

有句古話，叫「滿招損，謙受益」，應用到談話上也是如此。

如果把話說得太絕，就會自己斷絕後路，不為自己留餘地，進而引發生活中的一系列問題。

雖然我們都喜歡講話乾脆俐落的人，但是在很多時候，我們自己卻喜歡給出一個模稜兩可的答案。對大部分的人來說，說話時將「可能」、「大概」、「好像」、「也許」等詞掛在嘴邊是家常便飯。

這樣說話雖然會讓人覺得不俐落、不自信，卻也比信口開河，或把話說絕好很多。

比如兩個人的合作協商失敗了，和對方說「我可能不會再跟貴公司合作了」，就比「你永遠都別想跟我再合作」要來得有餘地。

演藝圈裡謙虛的藝人不少，演員陳道明就是其中的一位。在他某次受訪時，主持人問道：「學者季羨林曾說您飽讀詩書，大可勝任第一學府的指導教授。如果有一天，真的出現這樣一個去大學執教的機會，您會欣然接受嗎？」

陳道明謙虛地說道：「我真的不知道季老先生這句話的出處在哪裡。倘若季老先生真的這樣講，我真的是誠惶誠恐。

Part2　不出格，才不會出局——
交際的分寸在於看透、做透不說破

我教書的話，可能會誤人子弟。即使在一個行業裡小有成就，卻未必能在其他行業裡亦有所成就。我不能因為我是一名小有成就的演員、一位公眾人物，就敢站上神聖的講臺。過去講『君子思不出其位』、『沒有金剛鑽別攬瓷器活』，這樣的話已經很多了。」

這是在點出事實的同時，也不把話說絕的高情商表現。陳道明的演技與儒雅都是有目共睹的，而且在生活中，他與愛妻是彼此的初戀，彼此都很顧家。從才華上看，他在學生時期能文善武，且琴棋書畫樣樣精通。不但學者季羨林對他盛讚有加，就連作家錢鍾書都與陳道明是忘年之交。

在談論努力與寂寞間的平衡點時，陳道明說了這樣一段話：「不是所有人都是主角，人有時候要甘於寂寞，大部分的人可能一輩子都是平淡的，但是你不能否定他的努力。」這句話是陳道明的真心話，也是他高超情商藝術的優異展現。

有些人喜歡把話說得不留餘地，以此來突顯自己能力出眾、自信驕傲。這樣的話說出來很爽，但是在別人聽來，卻會為其捏一把冷汗，而且很容易出現意外，也就是我們常說的「打臉」。因此，我們說話的時候要給自己留點餘地，也給其他人留點餘地，如果把話說得太死，將來反而會影響我們的信譽和驕傲。

事情做得過頭一點沒關係，話絕不能說過頭

當在做出承諾時，除非你對某件事非常篤定，非常有拿捏，不然，可以使用「我盡量」、「如果能行」之類的說法，這樣既讓別人聽起來舒服，也能提醒對方多做一手準備，以免將來埋下怨懟。

其實，我們在承諾他人時，不僅要注意不把話說得太滿，在一些公共場合，更要注意不要靠口出狂言、放狠話、吹牛來提升個人的形象價值，免得造成尷尬場面無法收拾。

我們都知道，在水杯裡倒滿水後，端起來要特別小心，否則只要稍稍觸碰，水就會從杯子中溢出來。說話也是如此。所以，我們在與人交談時要注意自己的態度，不要咄咄逼人，也不要斷絕自己和對方的後路，這樣才是情商高、有分寸的表現。

說話比較直有時候會讓人下不了臺，這種時候直性子就不是率真了，而是沒教養，也會給自己的人生路上平添許多障礙，人和人之間的溝通交流，有時可以用上一些小技巧，直話不妨曲說。

畫山水畫時講究留白；建樓房時，中間要留些空地給植物和陽光；小說裡的開放式結尾，是為讀者留的餘地，讓大家有可以想像的空間。

保護自己和他人的隱私，是為心靈留下一些餘地；保守

Part2 不出格,才不會出局—
交際的分寸在於看透、做透不說破

地評價,是為別人留下改過自新的機會;含蓄地表揚,是為對方留下繼續努力的空間。

我們如果能在平時與人相處中「網開一面」,給自己和對方都留條後路,那麼大部分的問題就都可以迎刃而解了。同樣的,如果我們跟他人發生矛盾,鬧到不可開交的地步。說話不留對方情面,對方可能會徹底與你決裂,日後甚至阻撓你的其他人際關係和生活;如果你為彼此留一線,雙方就有一個緩和的空間,彼此也能將問題放在解決層面,而不是破壞關係上。

明洪應明《菜根譚》有言:「路徑窄處,留一步與人行;滋味濃處,減三分讓人嘗。」這是告訴我們,做人不要硬碰硬,把話說得太滿,將來萬一情況不利於自己,就難有轉圜的餘地了。

比如兩個同事吵架,其中一個對另一個說:「我永遠不想跟你有來往,也不想跟你這種人共事。」結果另一個人晉升成了他的上司,他就只能遞出辭呈,離開這個待遇不錯的公司。

在道路很窄時,我們讓出一步,大家都能很快過去。說話也是如此,與其處處爭強好勝,把話說死,不如留出點餘地,這樣才是立身處世的最好方法。

事情做得過頭一點沒關係，話絕不能說過頭

有句話叫「凡事留一線，日後好相見」，這一線所容納的便是未來可能出現的種種意外，就是為了為未來的自己留一線容身之地，免得下不了臺。

正如清代名臣曾國藩所說：「福不享盡有餘德，勢不使盡有餘力，話不說盡有餘地，事不做盡有餘路，情不散盡有餘韻，心不用盡有餘量。」話不說滿的分寸感，即是如此。

在與人交往的過程中，出現意見分歧是難免的，這時候不要口出狂言，更不要說出「勢不兩立」之類的話，不論是誰對誰錯，最好閉口不言，這樣兩人以後有需要合作的時候，還可以留有「面子」。

有的人在與他人爭論的時候，自己一定要說最後一句話，如果對方不斷地說，自己就一定要比他說得還要多。會說話的人知道，輕話不可重說、會造成敵意的話不說、會傷人自尊的話不說話不可說絕、不說最後一句重話，這是說話之道。

話說得太滿不等於自信，留下進可攻、退可守的餘地，才是情商高、有分寸的表現。

Part2　不出格，才不會出局—
交際的分寸在於看透、做透不說破

分寸的藝術學名叫「心照不宣」

　　心照不宣，其實是個很有分寸感和藝術性的詞彙。置換一下作家韓寒在電影《後會無期》中寫的臺詞：小孩子才問「你怎麼不理我了」，而大人都是心照不宣地疏遠。

　　在成年人的世界中，有很多事都是需要心照不宣的。如果你在速食店裡，看到一個比較落魄的父親帶著孩子吃飯，他說只要一份給孩子時，就不要一直向他推薦什麼「雙人套餐」。這種心照不宣的默契，才是與人交往時的高情商表現。

　　當然這種心照不宣不僅適用在陌生人之間，也適用於熟人之間。想要在人際往來中把話說到對方的心坎上，就一定要找出話題，想方設法地獲取對方更多的興趣點。如此一來，別人才能愉快地與你交談。

　　讓對方與你心照不宣，也就是讓你不管在什麼時候，什麼場合，與什麼人交談，都能做到談笑風生，彷彿有說不完的話一般。美國前總統狄奧多・羅斯福（Theodore Roosevelt）就是這樣的人。他掌握了這種高超的語言技巧，無論是政客還是士兵，無論是牛仔還是外交官，只要是跟羅斯福總統交

分寸的藝術學名叫「心照不宣」

談的人,每個都笑逐顏開,心滿意足。所有人都為老羅斯福總統談吐的魅力所傾倒,覺得跟他相見恨晚。那麼,羅斯福總統究竟是怎樣做到這一點的呢?其實,老羅斯福總統為了找到合適的話題,會在客人來拜訪之前,仔細研究對方的生平,並且用筆畫出對方非常值得驕傲或感興趣的地方,然後精心設計一系列的聊天話題,讓彼此的交談不會冷場。

有詩云:「酒逢知己千杯少,話不投機半句多。」如果你能把話說到對方心坎上,就算彼此話不多,那對方也只會覺得意猶未盡。因此,在生活中也好,在其他場合也罷,做到與對方心照不宣、會心一笑是非常重要的。

如果我們無法做到心照不宣,也要找出對方的興趣愛好。交談時,不要張口閉口都是自己感興趣的。弄清對方喜歡說什麼、聽什麼,在表達上來說也是十分重要的。

那麼,我們在表達過程中,應該要如何找到對方感興趣的話題呢?這點很簡單,第一要素就是「抬著」對方說話。即便是再淡泊名利的人,也喜歡別人對自己有很高的評價。在潛意識裡,每個人都希望自己成為別人的談話重心,希望聽到別人對自己的讚美。所以,在與人溝通時,我們不妨多談論對方,少展現自己。

想要找到對方的興趣點,通常都是很容易的事。只要你

Part2　不出格,才不會出局──
　　　　交際的分寸在於看透、做透不說破

有一雙善於發現的眼睛,在交談過程中察言觀色,有條件的時候,還可以像老羅斯福總統那樣做好事前調查,根據對方的喜好制定你們的聊天話題。

畢竟知己知彼,才能百戰不殆。找出對方的興趣愛好,讓你們之間的談話更投緣的方法主要有以下三點:

一、多讀書,雜食性閱讀

我們在生活中,一直強調學東西在精不在多,但是表達方式卻與之截然相反。「雜食性閱讀」的意思,就是讓你對各式各樣的知識都了解一點,不但要多看文學相關的著作,科學、歷史、地理、音樂等相關的書籍都要有所涉獵。

這些書本的知識,無一不是日後的談資,都能在日後的交談中創造話題。不要局限自己的閱讀範圍,就像蜜蜂採花蜜一樣,如果只在同一朵花上徘徊,就算給它一年的時間,它又能採到多少花蜜呢?

學識豐富的人,在任何場合都能做到駕輕就熟,不管是「吟風詠月」還是「柴米油鹽」,他們都能信手拈來、暢所欲言,張口就是有哲理的名言佳句。而只對自己專業熟悉,對其他事情一竅不通的人,在溝通中往往只能緘口不言。

二、有意識地開拓眼界

目光短淺的人，說出來的話注定是毫無內容的，甚至讓人發笑。一個人即使受過很高的教育，而且出身不凡，卻絲毫不肯開拓眼界，認為自己知道的那點東西就是全宇宙的知識，和這樣的人交談，只能是「夏蟲難以語冰」，讓表達平白失去了意義。

三、增加自己的對話內容的深度

對話內容的深淺，其實也跟你所累積的知識量息息相關。如果你對某方面不擅長、不熟悉，那你遇到這類話題就只能乾瞪眼了；如果你涉獵廣博，那麼你在任何場合都可以發表自己的見解，讓對方刮目相看。

當然，也有人閱讀很廣泛，但是到了交談的時候卻說不出話來。這個時候，提高自己的表達能力就相當重要了。你不妨把感興趣或擅長的話題拋給對方，引導對方說出對方感興趣，並且自己擅長的問題，然後站在顧問的角度與人交談。

畢竟表達的意義就在於有效，而有效的表達，最重要的是讓對方感興趣，這樣才能讓你的表達事半功倍。

因此，就算做不到心照不宣，如果我們能讓氣氛不冷場、不尷尬，也是一種分寸感十足的高情商表現了。

Part2　不出格，才不會出局—
　　　交際的分寸在於看透、做透不說破

沒分寸的心直口快可不是耿直

生活中，越來越多人喜歡塑造「耿直」形象，甚至喜歡將自己的沒禮貌，當成別人開不起玩笑。

這些塑造「耿直」形象的，通常是喜歡傷害別人，卻還要裝成無辜的人。當然，也不排除一些人天生情商低，覺得自己真是在開玩笑。但是要記住，玩笑是雙方都覺得好笑了才能被稱做「玩笑」，如果開玩笑的人覺得自己很幽默，而被開玩笑的對象很生氣，那這種行為就被稱為「霸凌」。

對著一些沒禮貌、沒分寸還標榜自己是「耿直」的人，我真想說句「別再抹黑耿直了好嗎」。不僅是身邊朋友「耿直」的越來越多，就連演藝圈裡的一些藝人也特別喜歡塑造「耿直」的形象。似乎只有說話耿直，耿直到把對方回嗆得啞口無言，方能彰顯自己的與眾不同，彰顯自己是演藝圈內的一股清流。

這也不能完全怪演藝圈的明星，如演員林更新等耿直男星受到了粉絲的喜愛，便有一些眼紅的藝人紛紛跟風，為自己貼上「耿直」的標籤。

沒分寸的心直口快可不是耿直

但是他們沒有注意到,林更新雖然耿直,可該顯露情商時,卻也是一點都不含糊。

我們翻閱他的社群媒體,就能知道他其實是個情商很高,也很有分寸感的人。他能把世故的事情做得很不市儈,他的耿直也停留在自嘲,而不是「醜化」別人上。他對待演藝圈前輩很有禮貌,對待粉絲很親切,對待朋友也很真誠。

一句話,林更新很清楚自己要做什麼,也知道該怎麼做。隨著粉絲對明星「耿直」的喜愛,越來越多的明星意識到「耿直」形象的價值將隨著粉絲的需求而水漲船高。為了突顯自己是演藝圈最「耿直」的那個,一些明星紛紛自詡「耿直」,說話也越來越直言不諱,然後將沒禮貌和沒分寸發揮得淋漓盡致。

某男藝人在上節目的時候,跟眾人一起看某女嘉賓分享的照片。大家紛紛稱讚某張照片風景秀麗,女嘉賓很會凹造型,只有某男藝人一臉「耿直」地說道:「妳腿這麼粗,為什麼要穿短裙啊?」頓時,現場的氣氛十分尷尬。緊接著,他又不依不饒地說道:「妳旁邊幾個女生是圈內人嗎?比妳漂亮好多啊,你哪來的勇氣跟她們一起拍照的?」

女嘉賓當時就變臉了,但是礙於公眾場合和個人涵養沒有發作,一旁的主持人也十分尷尬,只好跳出來打圓場,說

Part2　不出格，才不會出局—
交際的分寸在於看透、做透不說破

男藝人太不會跟女生聊天了。

誰知男藝人沒理會，反而更加語出驚人道：「不是，我這個人就是太耿直了，從來不會說假話，這話我要是不說心裡就難受。」

女嘉賓更加尷尬了，最後，她只能說：「好吧，也許真的是我該減肥了吧。」主持人和眾人紛紛表示她身材很好，男藝人也沒有繼續說話。

其實，我們身邊也有不少故意展現「耿直」個性的人，而且在揭別人短，或嘲諷別人抬高自己時，還非要加幾句這樣的「免責聲明」：

「你知道，我這個人說話比較直接……」「我有句話說了，你別不高興……」可我知道你說話直，並不代表我接受你說話直，而且你明知道這話說出來我會不高興，你為什麼還要說呢，這不是居心叵測又是什麼呢？

很多人說了，「可是我的建議是真心的啊」、「我這麼說也是為你好啊」；並不，你只是帶來了不愉快。即使你的初衷是為了提出建議，但是你莫名其妙的「耿直」也會讓對方忽略你的建議，只記得你的吐槽。

由此看來，我們說話還是應該少些「耿直」，多些優雅。藝人林志玲是圈內出了名的女神，她上節目時，無論對方如

沒分寸的心直口快可不是耿直

何「耿直」地刁難她,她都能優雅從容地應對。很多人說,志玲姐姐你不累嗎?其實真的不累,因為她骨子裡就是優雅知性、有修養的,如果讓她生氣罵人,或許才是真正地為難她。

2004 年,林志玲到小 S 主持的談話性綜藝節目當來賓。小 S 問道:「如果你喜歡的男人很窮怎麼辦?」她說:「沒關係,肯努力就行。」

小 S 繼續追問:「那如果這個對象不是一時窮,而是一輩子都很窮,那怎麼辦?」林志玲說:「沒關係,只要他的心不窮就好。」這就是優雅談吐的魅力,優雅的談吐就像一縷春風,不但讓對方感覺舒適和諧,自己也能從對方溫和的態度中感受愉快。如果我們能夠在優雅的談吐上,再偶爾加入些幽默,就更能讓對方感受到自己的內在涵養與氣質,吸引大家與你交談。

相反,如果我們行為草率、舉止輕浮,甚至以「耿直」為名表現粗俗,那就會讓對方不願與我們交談,甚至給對方造成很大壓力。

作為現代人,想在交談中展現自己的分寸和情商,最重要的就是談吐優雅,在字裡行間都透露出足夠的自信,並且帶有極強的魅力。必要時,說話的語氣、語調和手勢、表

Part2　不出格，才不會出局──
交際的分寸在於看透、做透不說破

情，都是職場表達的加分項。

當時，某益智型綜藝節目決定徵選一位女大學生做主持人，一位日後很有名的主持人也參加了試鏡。對她來說，主持的舞臺就是她的職場，若想在這裡脫穎而出，她需要很高的個人魅力。尤其是主持一行，比一般職場更需要優雅的談吐和極佳的氣質。

當時，她並不被大家看好，因為雖然氣質出眾，長相卻沒有另一位女孩子漂亮。事後，就連她自己都說，那位女孩子「的確非常漂亮」。

等到最後確定人選時，電視臺主管也到了現場。她知道，自己要面臨最後的選擇，於是她的好勝心一下子被激發出來。面對「你會怎麼當這個節目的主持人」的考試題目時，她從容地吸了口氣，然後優雅地娓娓道來：「我認為主持人的首要標準不是容貌，而是要看她是否渴望與觀眾溝通。我希望能當這個節目的主持人，是因為我喜歡旅遊，人與大自然親近的快樂是無與倫比的，我要把自己的這些感受和觀眾一起分享……」

她沒有間斷地講了半個小時，這期間，她沒有任何文字稿輔助，而且語言極其流暢，同時富有邏輯性與思考性。這時候，大家不再關注究竟誰長得更漂亮，因為大家都被她優

沒分寸的心直口快可不是耿直

雅的談吐深深吸引了。當楊瀾再次回到等候室時，電視臺已經決定正式錄用她了。

這次面試，可以說改變了她的一生。舉止得體、談吐優雅的人，總會讓人覺得身上有一種神奇的磁場。即便彼此是初次見面，對方也會被這樣的人吸引，這樣的人也會因為高情商和分寸感，而擁有更好的未來發展。

要想培養優雅的說話風度，以下三點是非常重要的：

一、不要為了優雅而優雅

優雅是從內而外的，如果只是為了故作優雅而搔首弄姿，那只會顯得矯揉造作，毫無風度可言。平時注意自己的一言一行，將自身的氣質透過談吐展現出來，按照自己的身分和所處的場合，選擇最適合展現自己的方式。

二、不要揭露他人隱私，更不要隨便攻擊他人

職場中有不少人，都拿「耿直」當幌子，隨意傷害身邊的同事或朋友。其實，說話直接粗俗並不是個性耿直，反而是沒有禮貌、沒有涵養的表現。

三、說話要掌握分寸

人與人之間除了親密感，更重要的是分寸感。不要抓住對方的缺點不放，不要得了便宜賣乖，更不要因為與誰交

Part2　不出格,才不會出局──
　　　交際的分寸在於看透、做透不說破

好,就在對方面前甚至公眾場合出言無狀,這樣只會破壞你的人際關係。人生是在不斷的人際往來中度過的,而語言又是重要手段。注意並使用優雅的談吐,因為優雅的談吐不僅是生活的調味劑,更是人際往來的助推器。

別人的隱私，
知道了不說就等於不知道

亞里斯多德（Aristotle）說：「談論別人的隱私是最大的罪惡。」隱私，實在是個讓人極度敏感，又讓人萬分好奇的詞語。人們惶惶於他人得知自己的隱私，卻按捺不住好奇心，想一窺他人的私密。心理學中有一個理論叫做自我邊界，指的是在人際關係中，我們要知道自己跟他人之間的邊界在哪裡。這樣一來，我們才能保證自己的領域不被他人侵犯，也能保證自己的行為不會侵犯到他人的領域。

可是就如亞里斯多德所說，當你把別人的隱私放大，也就意味著同時把自己的不道德、沒素質、沒涵養的一面展現殆盡。

因為隱私被頻頻曝光，有位藝人在社群軟體上憤怒發聲：「我非常厭惡有人去洩漏、探查我的家庭住址、飯店房間、家用電話。因為這種不適和恐懼，過去幾年，我換了兩次家用電話，因為家裡有長輩不能深夜總是被騷擾電話吵醒。我也多次才加入劇組，就因為飯店房間門口有人，臨時

Part2　不出格，才不會出局─
　　　　交際的分寸在於看透、做透不說破

收拾行李，被迫連夜換飯店、換房間。甚至因為住家被人蹲守，半夜一點被人敲家門，火速搬了一次家，甚至為此報警過。總是想著算了算了，忍過這次，下次不會再發生就好。也許你們會覺得是我太任性，我們藝人就應該承受這些。但是說實話，我擺脫不了心中的不適，表演課裡沒教我半夜被敲家門後應該要如何保持微笑。」

「很多時候，本該屬於個人的資料，總是會被不同的『負責人』或經意，或不經意地洩漏給『少部分人』。但即使在這樣的環境下，我總還是會願意相信和堅持，起碼在私人時間和空間內，自己是個自由的人，我們彼此都是。將心比心，我們都不是籠中供人觀賞的動物。」

可見即便是演藝圈中的公眾人物，也會因為隱私被窺探而憤怒不已，何況我們還只是普通人呢？

隨著年齡的變化，我們在生活方面的經歷也越來越多，但從思維上看，我們是逐漸趨向「保守」的。不想讓別人知道自己的隱私，不想成為他人茶餘飯後的談資，不想失去安全感，這是人之常情，是我們希望的，也是對方所希望的。尤其是活躍在大螢幕上的藝人們，他們更希望維護自己的形象，維護自己的生活和親人，讓隱私不被曝光在眾人面前。

不僅演藝圈如此，我們生活中更是如此。沒有人會願意

別人的隱私，知道了不說就等於不知道

跟一個「大嘴巴」的人相處，也沒人喜歡有人到處曝光自己的隱私，誰不想給自己留點私人空間呢？我們生氣的原因，不僅是對方侵犯了我們的私人空間，更是我們的人格沒有被對方尊重。

可是有人說了，我經常聽到別人對我說其他人的隱私，這怎麼辦呢？總不能他們找我的時候，我就把耳朵堵起來吧？當我們無意間得知了對方的隱私時，只要不繼續口耳相傳，假裝沒聽過即可。畢竟知道了不說，就等於你不知道。「禍從口出」千百年來一直被人們不斷提起，自然是有它的道理的。「不造謠，不傳謠」是我們應守的法律底線，「不傳播他人隱私」則是我們應該守住的道德底線。不拿別人的隱私當成茶餘飯後的談資，這是與人來往最基本的分寸。

當你肆無忌憚地散播他人隱私之時，也就是把自己推向懸崖之際。沒有人會想跟一個出賣朋友的人交往，因為他們會想，「這個人不厚道，誰知道他明天會不會出賣我」。

有人說，自己侵犯他人隱私是無意識的，當下並不知道這樣做是侵犯隱私的表現。確實，很多人都對彼此隱私的界線很模糊，可能你覺得看對方手機相簿無所謂，但對方覺得你就是在侵犯他人隱私。

可多數時候，我們侵犯對方隱私就是想一探究竟，想滿

079

Part2 不出格，才不會出局──
交際的分寸在於看透、做透不說破

足自己的好奇心。不管對方是我們喜歡的人，還是我們討厭的人，我們會在某一刻，迫切地想知道對方的一切細節。這時候，大腦中的控制欲就會作祟，它會慫恿好奇心，讓我們在隱私面前失去理智，想窺探在私人空間中的對方究竟是什麼模樣。

在聊天時，人們最喜歡做的就是彼此交換自己不知道的資訊，然後就這件事一起討論。說閒話這個行為，能為人們創造共同的話題，釋放壓力和情緒，甚至能拉近彼此關係。

當然，這裡的說閒話並不是拿別人的隱私來說三道四，而是用藝人八卦來代替自己生活圈內的隱私話題。畢竟藝人是公眾人物，只要不涉及惡意詆毀，我們都可以拿來當社交的談資。而談論同生活圈內其他人的隱私，就成了嚼舌根、沒分寸的討厭鬼了。

所以，當別人過來向你散布他人隱私時，你可以將話題跳到藝人八卦上來，我們來設定這樣一個場景，你就明白應該如何操作了。

辦公室裡，A 找 B 散布 C 的隱私。A 說道：「你知道嗎，C 最近釣上了個金龜婿，看她平時一副單純的樣子，真是人不可貌相。那個男的 40 多歲，離過婚，聽說是上市公司總裁呢，怪不得她現在穿的用的都那麼講究，昨天還背了個 20 多

別人的隱私，知道了不說就等於不知道

萬的 Prada 包包呢。」

B 假裝驚詫，然後說道：「說到 Prada 包包，前陣子某某人走秀時拿的那個款超漂亮。」

A 說道：「是啊，還有那個某某人，走紅毯的時候穿了一款 Dior 的黃色禮服，聽說一件就一千多萬⋯⋯」看，兩個人同樣聊得很愉快，而且沒有散布別人的隱私。即便日後 C「釣金龜婿」的消息傳出去，B 也可以說：「我沒注意 A 說你釣金龜婿啊，我們只是聊了聊明星背的 Prada 包包」。

情商高的人都會算這樣一筆帳：知道別人的隱私卻不說，就等於你並不知道。藝人的花邊新聞和各類消息足夠用來人際往來了，至於誰釣了金龜婿，這種讓人不愉快的隱私都與我們的切身利益無關，反而還會傷人傷己。

所以，我們在聊天時需要注意分寸，不能將別人的隱私當作我們的談資，也不能為了滿足自己的利益而惡意誹謗、中傷他人。

使用藝人的八卦充當談資也能讓彼此擁有愉快的聊天體驗，而散布隱私卻顯得沒有分寸、沒有教養。那麼，該如何選擇？相信我們心中已經都有分寸了。

Part2　不出格，才不會出局—
　　　交際的分寸在於看透、做透不說破

別人只是隨便說說，那你就隨便聽聽

　　我們在對話當中都有說客套話的經歷，經常是想和對方維繫感情，對於普通朋友，我們經常會客氣地說：「改天我們吃飯啊！」而約自己心儀的人或重要的人來家裡吃飯時，都會忐忑不安地發出邀請，「這週六中午十一點半，來家裡吃飯啊，十一點半開飯」巴不得把具體的時間地點重複一萬遍，生怕對方不來。

　　客套話和真心話，敷衍的話和認真的話，作為一個傾聽者，必須要能聽出他們之間的差別，才能在人際關係中如魚得水。我們來比較一下以下兩段對話。

　　第一段對話：「我們兩個禮拜天一起出去玩呀！晚上來我家一起吃飯，我從同學那裡新學了兩道菜，你有口福可享了。」「我禮拜天要陪我女兒一起，不能放她一個人在家呀。」「你把你女兒也帶過來！我們一起去玩！我正好想見見她呢！我這裡還有她喜歡的樂高和小熊維尼的故事書！你快去把她帶過來吧！」

別人只是隨便說說，那你就隨便聽聽

「她有點怕人多的地方，我沒辦法帶她搭捷運。」「沒關係，我讓我老公開車去載你們！」我們再來看第二段對話：「我們兩個禮拜天一起出去玩呀！晚上來我家一起吃飯？」「我禮拜天要陪我女兒一起，不能放她一個人在家呀。」「哎喲，那真不巧，下一次再說？」「嗯，下一次有空的話，一定一起去玩。」

很明顯能看出來，第一段對話是真心話，第二段對話是客套話。當一個人真心想要邀請你去吃飯，他會盡可能地滿足你的需求，為你減少很多困難，即使你好像有推辭的意思，他也會努力排除你推辭的理由。

而一個人如果只是和你客套，那麼只要你稍微一推辭，給他一個臺階下，他就會順勢結束話題。

當然，會講客套話是好事，但是要如何說得不讓人誤解，那就是考驗分寸的事了。

有些人明明話說得客套，實際卻真的兌現諾言，這才是情商極高的表現。

演藝圈似乎有個不變的定律，那就是每當有節慶、晚會之類的大型活動時，就總要出點事來爭奪搜尋排行榜。有故意無意搶「舞臺中心位」的，有穿著打扮爭奇鬥豔的，甚至還有假摔的。就在 2018 某電影節閉幕式上，情商頗高的演員黃

Part2　不出格，才不會出局─
　　　　交際的分寸在於看透、做透不說破

渤就一不小心「陰溝裡翻船」，光榮地上了搜尋排行榜。

原來，黃渤在當晚的閉幕典禮上，作為主持人向大家介紹了演員佟麗婭。然而，他卻因為一時口誤，將佟「麗婭」說成了佟「婭麗」，並且在說完後也沒發現自己把對方的名字叫錯了。

電影節上眾星雲集，當時有很多重量級的嘉賓都在觀眾席上坐著，其他主持人頻頻對黃渤使眼色，他這才反應過來，於是趕緊打圓場：「上場之前還在開玩笑，不能出錯，果真這個玩笑就開成了。」

當然，圓場歸圓場，正式的道歉還是要有的。於是，黃渤在閉幕式一結束，就立刻在社群媒體上發表了一篇道歉信，並標記了對方。黃渤在道歉信中稱：「能力有限，壓力山大，上臺前還開玩笑說別再像上一次一樣說錯，默默地把所有名字又唸了一遍……結果……果真……把佟『麗婭』的名字唸成了佟『婭麗』，這件事得請吃多少頓飯才能擺平風波。」

隨後，佟麗婭轉發了黃渤的貼文，並幽默地回覆稱：「渤哥別緊張，你只是叫出了我的舊名，就是怕『亞麗』大才改的。」

兩個人的高情商回覆讓網友們大為稱讚，這件事似乎就這麼過去了。就在大家都以為這件事告一段落時，佟麗婭於同年4月26日發了一則貼文，上面是自己與黃渤在聚餐上的合影，並發文稱：「兌現速度快！聚餐陣仗大！（這才是第一頓）壓力大不大？」照片一出，網友紛紛為黃渤按讚，「渤哥信守承諾，落實速度快」的言論也是鋪天蓋地而來。

其實，不管在演藝圈裡，還是現實生活中，我們總是夾雜在無數的客套話與真心話之間，並難以分辨其中真假。當然，辨別對方邀請真假的方法還是有的，我們可以從以下幾個方面入手：

客套話多模糊抽象，真心話多具體實際

「我們改天可以吃個飯」、「我們下次有空再約」、「以後有機會可以多約出來見個面」、「什麼時候有機會我們再一起出去」等，都是沒什麼實際資訊和內容，虛無縹緲的邀約。

當一個人並非真心想要發出邀約的時候，他也不會花太多心力去想自己的邀約要怎麼才能成功，要具體到什麼時間什麼地點。

客套話往往沒有什麼誠意。而真心話往往是「我們幾號幾點出去玩，坐車／坐捷運／騎腳踏車，去公園／遊樂園／市中心」，這樣的話中實際資訊很多，可行性也比較大。

Part2　不出格，才不會出局─
　　　交際的分寸在於看透、做透不說破

客套話只有一句，真心話會有很多句

客套話往往在談話的收尾階段出現，作為一個人在對話收尾時的禮貌。

「等下一次我們再去玩」或者「以後等我們有機會再去試試」這種話，是對方對你和對彼此交談的尊重，說說而已。真心話就不一樣了，真心話之所以是真心話，就是因為講話的人真心待你。他是真心想要邀請你，也是真心想要和你一起去吃飯或是出去玩，那他就肯定不是輕飄飄地詢問的一句。肯定在發出邀請之後，還會有其他和這個邀請配套的話。

比如對你是否能接受這個邀請的詢問，如果你拒絕了邀請，他會繼續詢問你拒絕邀請的原因，會努力想要解決讓你不能接受邀請的阻礙。真心話不可能只是一兩句就完事了，基本上會是一個完整的邀請計畫。

客套話永遠好聽，真心話有時難聽

當別人禮貌地跟你客套的時候，無論你跟他講述多麼天馬行空的計畫、多麼漏洞百出的決策，別人為了不得罪你，都會輕飄飄地說上幾句好話，絕對不會冒著得罪你的風險指出你的錯誤和缺陷。客套是人人都會的，只要說幾句「挺好的」、「還不錯」、「沒毛病」，既不會惹人生氣，又於己無損，

對於只對陌生人客套的人來說，百益而無一害。而對於那些想要向別人徵求意見的人來說，絕對不能把這些客套話當成是對自己說話技巧的實際評價。

真心話往往並不好聽，但卻是真誠的批評。真誠而拙劣的批評永遠好過虛偽而精緻的讚美。給予你批評的人，至少冒著惹怒你的風險，和你說明自己的真實看法。無論批評有沒有太大的價值，都不應該因為那些虛假的客套而矇蔽了雙眼，從而忽略真正真誠的意見。

客套話語氣敷衍，真心話狀態真誠

從表情和語氣中就能感受到一個人是否在說真心話，一個人客套時，笑容虛浮、語氣飄忽。而一個人懷抱真心去說話時，表情生動熱情，語氣真誠。

客套話和真心話雖然不是那麼好區分，但是如果仔細去鍛鍊自己的溝通敏銳度，做到這一點也並不困難。

Part2 不出格,才不會出局—
交際的分寸在於看透、做透不說破

有分寸,才有好人緣

　　分寸其實是一把尺,在度量人的同時也在度量自己。很多人抱怨,為什麼別人身邊都有至交好友,偏偏就自己沒有。

　　如果拋開能力問題,那就是分寸感出了問題。分寸感是情商高低的表現,對於普通人來說,能否考一個好大學是由智商高低決定的。但是步入社會後,情商卻能左右你能否有個好工作,能否處理好紛亂的人際關係。

　　在人際往來中,光靠智商高是沒有用的,情商左右了我們生活的絕大部分。同樣,藝人們在演藝圈混,更要靠情商來為自己的事業加分。

　　有些明星因為高情商和極佳的分寸感,在演藝圈裡過得如魚得水,在粉絲和觀眾面前展現了自己的機智從容。而有些藝人則因為情商不夠,在媒體和觀眾面前頻頻出錯。

　　有人說娛樂圈就是個大雜燴,其實這話多少也有點道理,因為藝人們的個性不同,有喜歡高調做事的,也有喜歡低調內斂的;有喜歡奢華炫耀的,也有喜歡平淡儉樸的;有

繁複包裝形象的,也有耿直不事雕琢。

在這些藝人們當中,一些情商很高的藝人成了演藝圈的正面範例,比如特別會說話的主持人蔡康永,就因為極佳的分寸感和高情商受到觀眾喜愛。

在他主持的某節目中,蔡康永呼籲年輕人要多看看世界,於是說道:「人真的應該趁年輕多出去走走,了解這個世界,也增長些見識。」誰想到,蔡康永話音剛落,節目來賓就拆臺道:「我就不愛出去啊!哪裡都沒有去。」

看節目的觀眾們尷尬萬分,但是蔡康永情商很高地說道:「我要是能有您這番成就的話,那我也哪裡都不去。」大家立刻為蔡康永的幽默與機智鼓掌,也爆發出陣陣笑聲。蔡康永不但緩解了現場尷尬的氣氛,還間接地誇讚了該節目來賓的成就,一舉兩得。

在演藝圈,蔡康永的高情商和有分寸感是出了名的,但是有一位女藝人,是連蔡康永都覺得情商很高的,那就是林志玲。因為林志玲很有分寸感,不管問她什麼刁鑽的問題,她都會用很正面的態度來面對。

曾經,有一位記者很故意地問林志玲:「某男藝人以前說過,他不會和你這樣的花瓶演戲,現在卻還是和你合作了,你有什麼感想?」

Part2　不出格，才不會出局──
交際的分寸在於看透、做透不說破

　　林志玲很溫柔地說道：「我只會相信對方親口對我說的，我沒聽說過的，我不會相信；再說，如果他真的有說過這樣的話，那現在與我合作，不就是最好的證明嗎？說明我付出的努力是有回報的。」當然，林志玲這種高情商、有分寸是非常傳統的，大家都能感覺到她的情商很高。蔡康永也坦言道：「她就是傳統定義當中情商最高的那一種，永遠都在微笑，溫柔待人。」但是在蔡康永看來，還有一位比林志玲情商還要高，那就是藝人周杰倫。

　　很多人不明白，周杰倫好像並沒有什麼格言金句，怎麼會比志玲姐姐情商還高呢？因為周杰倫在演藝圈中分寸感很好。

　　蔡康永讚道：「我覺得他對人生有很多的想法跟期望，他會規劃具體的步驟去完成目標。他不像我們很多人會許虛無縹緲的願望，他會真正的去落實；不管是要鍛鍊肌肉也好，要娶妻生子也好，要導演自己的電影、MV，他都做。大家都知道做這些事情很累，但他就是做了，同時還有巡迴演唱會需要錄節目，所以很顯然，他就是一個執行者，而且樂此不疲。當然，他也知道這是他的選擇，所以不會一直抱怨說很累或是分身乏術。」

　　周杰倫的分寸，在於他很清楚自己想要什麼，他一直恪

有分寸，才有好人緣

守在自己的方圓內，不侵犯他人，也不容許他人侵犯。在這個複雜的圈子裡，周杰倫的分寸感讓他就像一股清流，吸引了一大群好友圍繞在身旁。在周杰倫被負面新聞纏身時，眾多好友紛紛出言力挺，這也從旁證明了分寸為其帶來的好人緣。

汪涵也是位很有分寸感的主持人。當時，有人向他十分刁鑽的問道：「自家電視臺的第一把交椅是誰」。大家都知道，汪涵和主持人何炅是該電視臺主持人中的「翹楚」，雖然彼此私交不錯，但是身為同行，情商和能力又不分伯仲，自然會被大家放在一起比較。

汪涵聽到這個問題後，很自然地說道：「何炅是第一，但我是他的大哥。」這句話說得沒錯，汪涵的年紀確實比對方稍大一些。這個回答也讓何炅讚不絕口，直呼汪涵情商高。

置身演藝圈的藝人們因工作的特殊性，他們的情商和分寸感的優劣高低就更容易展現在觀眾面前。藝人楊冪身為著名演員，自然是頻繁出現在觀眾視野內。楊冪一開始是典型的「帶衰」體質，但是她硬生生地靠高情商，將「酸民」轉變成自己的支持者，還贏得了一大批網友對其盛讚不已。

面對記者刁鑽的問題，楊冪總能憑藉高情商回覆。當時，有記者向她詢問：「如果某男藝人說要追求你，你會同意

Part2　不出格，才不會出局—
交際的分寸在於看透、做透不說破

嗎？」當時，楊冪已經結婚，面對這樣的問題自然很難直接回答。若說「同意」，觀眾就會指責她不顧及先生的感受；若說「不同意」，對方是當紅炸子雞，會引得對方粉絲的撻伐。就在大家為她捏一冷把汗時，她乾脆地說道，「不會，對方說我們之間有代溝」，完美解決難題。

記得還有記者問楊冪，演藝圈的新生代女藝人中，誰動刀動最多。這句話的意思很明顯，就是讓她回答誰整型過。楊冪很風趣地說道：「我呀，我生過孩子。」不僅幽默，也沒有得罪人。

當然，說到情商高，怎麼能不再次提到黃渤呢？黃渤是圈裡出了名的情商高，也是出了名的幽默。在某檔他受邀當來賓的節目中，黃渤直言道：「幽默是為了化解尷尬，真正的高情商，就是不讓人感到尷尬。」

在一次金馬獎頒獎典禮上，黃渤作為主持人出席頒獎典禮。當時的黃渤身穿深色緞面，花紋材質的長袍，腰上還繫著腰帶。同為頒獎來賓的藝人鄭裕玲調侃黃渤說：「今天晚上你穿的是睡衣吧？因為我已經五年沒來過金馬獎了，所以是盛裝出席。你看看臺下其它的男藝人們，都是穿著極其隆重的。」

黃渤並沒有對這突如其來的調侃感到尷尬，反而輕鬆地回答道：「對對對，因為他們都是客人嘛，客人到別人家裡面去拜訪，當然要穿得隆重一點啦。你已經五年沒來這裡了，但是我這五年一直都在金馬獎，這裡已經像家一樣了。回到家裡要穿什麼？當然要穿得舒服一點啊。」

聽到黃渤的回答，鄭裕玲又開始繼續調侃起來。鄭裕玲誇獎了當晚的金馬獎主持人蔡康永，蔡康永接過話頭也開始調侃起黃渤來，他說道：「黃渤啊，這裡是我家，不是你家。」蔡康永常年擔任金馬獎主持，說出這句話自然名正言順，但是對黃渤來說就顯得有些尷尬了。

黃渤聽完後大笑了起來，笑過之後對蔡康永說：「其實你並不是一個人在戰鬥，我剛才看到一匹馬和你在一起。這麼長時間，我只看過人騎馬，還沒見過馬騎人呢。」蔡康永當晚穿了一件黑白相間的格紋禮服，肩膀上配有一匹造型馬。黃渤機智地化解了蔡康永的調侃。正是因為他們的情商很高，又很有分寸感，所以他們成為當之無愧的「藝人人際樞紐站」。情商高不高，分寸感好不好，其實說幾句話就能見分曉。可見，謹言慎行，訓練分寸感確有其必要。

Part2　不出格，才不會出局—
交際的分寸在於看透、做透不說破

不吝讚美，但也別言過其實惹人厭

　　生活中，大部分的恭維都像香水，而分寸感就在於是聞香還是直接飲用。每個人都愛聽讚美的話，也愛聽好聽的話，在與他人來往的過程中，我們不能吝嗇自己的讚美。只要在人際往來中，恰當地使用讚美之詞，就能為你結下更多善緣。然而，過分地讚美不僅不會讓人喜悅，反而會使人尷尬。因此，奉承他人也要恰到好處。

　　每個人都需要別人的讚美，這是毋庸置疑的，因為讚美是人際往來的潤滑劑。我們受到讚美，也予以讚美，才能讓人際往來為生活更添豐富。

　　當我們在社會上奮鬥時，不難發現「巴結」的人往往更吃得開。這樣的人辦事順利，也不拖沓。為什麼懂得讚美的人會更受歡迎？因為喜歡聽別人的讚美之言是人類的天性。有時候，即使對方知道你是在有意恭維他，但是受到虛榮心影響，他還是很高興。

　　這也是為什麼適當的恭維是為人處世的絕妙手段。

　　當人們聽到讚美與恭維時，心裡就會產生很大的滿足

不吝讚美，但也別言過其實惹人厭

感，這種滿足感會逐漸轉變成優越感。當對方的優越感達到一定程度時，就會很樂意接受你的建議與想法。因此，要想讓溝通過程順利，就要學會讚美，養成奉承他人的習慣。

當然，就像前面提到的，奉承不能太脫離實際情況，要適當才行。因為太過明顯的恭維，反而會引起反效果，甚至讓被恭維的當事人尷尬萬分。為了讓讚美達到應有的效果，我們應該要控制好恭維的程度，這才是讚美他人的重中之重。

主持人是個很特殊的職業，每天要接觸不同的人群，對來賓禮遇有加是主持人的基本職業操守，但是如果程度掌控得不好，讚美就容易變成拍馬屁，甚至拍到馬腿，徒讓人心生厭煩。

某節目邀請到一位重量級來賓，主持人在與來賓互動時，自然要先誇讚對方幾句。來賓確實有才華，長相也很甜美，主持人為了將讚美之意展現到極致，特別諂媚地說道：「您的容貌真是我見過所有女藝人中最好的，簡直是艷壓演藝圈其他女藝人，您說您又美又有才華，演技也是輾壓那些人氣偶像，還讓別人怎麼活。對了，前陣子我看您在社群媒體上發了張素顏照是吧，這樣的美貌真的是太漂亮了……」聽著主持人滔滔不絕的誇讚，來賓滿臉都是尷尬。

Part2　不出格，才不會出局──
交際的分寸在於看透、做透不說破

　　相比之下，很懂誇讚分寸感的是童星出身的藝人吳磊。吳磊自小演戲，如今已經成為演藝圈裡的「資深演員」。吳磊的演技不僅可圈可點，更重要的是他的情商很高，也很有分寸感，不管是演戲還是上節目，都能周全地照顧到身邊人的感受，甚至能化尷尬為溫暖。

　　某次吳磊參加綜藝節目，主持人很沒眼色地提到，吳磊和女來賓相差9歲。年齡本來就是女生很避諱的話題，女藝人更是如此，女來賓當時便一臉的尷尬。沒想到，一旁的吳磊立刻接過話頭說道：「對，我們相差9歲，我15歲，她6歲。」

　　吳磊這番話既是讚美女來賓嬌小可愛的外貌，同時也機智地化解現場尷尬的氣氛。可見，如果我們能在適當的時間與場合，說出一句讚美的話，不但能滿足他人的心理需求，還會讓自己受到對方的喜愛與讚揚。

　　說句讚美的話並沒有多難，在社人際往來中，如果我們願意細心觀察，就很容易找到值得讚美的事物，也能發現生活中處處皆有值得讚美的地方。這種讚美的效果，能讓你輕鬆維持良好的人際關係。

　　我們常說，讚美的話更容易使人對你產生好感。試想，如果你能把讚美之詞說得靈活自如、自然大方，那無論是辦

不吝讚美，但也別言過其實惹人厭

事情還是提建議，都會更容易讓對方接受。因此，讚美是待人接物中不可或缺的技巧。

我們可以從恭維、讚美的技巧中，學到不少為人處世的方法。要想讓自己在人際往來中遊刃有餘，就要學會適時地讚美他人。

在人際往來中，有下列這三條處事箴言：

1. 懂得在讚美的時候見機行事只有抓準時機，才能讓你的讚美更加有效。
2. 讚美既要符合眼前的利益，還要高瞻遠矚，不要只有奉承成功人士；對普通朋友甚至是陌生人，也不要吝嗇讚美之詞。
3. 良好的交流是從「相互恭維」開始的，每個人都渴望被讚美，因為讚美能讓我們產生更多的動力前進，也能讓我們肯定自己的價值。

曾有位專家精準地剖析了一番人性特點。他認為，大多數的人都希望受到別人的稱讚，卻很少讚美別人。即便我們只是做了一件小事時，都還是會希望別人能看到，然後表揚我們。可是，當別人做出貢獻時，我們卻選擇性地去忽略，這是一個不斷重複的惡性循環。

這也在提醒我們，要多讚美別人。當我們有進步的時

Part2　不出格,才不會出局—
　　　　交際的分寸在於看透、做透不說破

候,別人會對我們鼓掌表示稱讚;當我們受到讚揚時,別人會替我們感到高興。我們也應該時常提醒自己,在別人需要鼓勵和讚美的時候,好好地為對方鼓掌。

　　在這個世界上,沒人會討厭真心實意的讚美。只有妥善的運用讚美,才能實現人與人之間的良性溝通。讚美的魅力如此之大,值得我們善用,不要讓讚美之詞,變成惹人厭的話語。

嘲諷與自嘲的分寸感

　　自嘲不但是一種境界,更是一種有分寸感的表現。當我們需要開玩笑來活絡氣氛時,不妨採用自嘲的方式來取代「開別人玩笑」。

　　在演藝圈生存的藝人,經常要接受外界泛濫的惡意與嘲笑,情商高的人會用自嘲的方式扳回一城。情商不那麼好的人,則會暗自神傷。

　　黃渤的成功來自他精湛的演技,這不僅展現在他的每一部電影之中,也展現在他的生活中。

　　生活有如一齣大型舞臺劇,每個人都是身處其中的演員,不同的人扮演著不同的角色,不同的角色需要扮演好不同的戲。作為藝人,黃渤在這名為生活的舞臺劇中的角色顯然要比其他人還要難駕馭,而作為一個外表不那麼出挑的明星,他想要演好生活這戲的難度會更高。

　　在某次活動中,黃渤被記者圍繞,其中一位問道:「你覺得自己是帥哥嗎?」面對這突如其來的問題,黃渤稍微愣了一下,在短暫停頓後,他微笑著說道:「我怎麼覺得你這個問

Part2　不出格，才不會出局──
交際的分寸在於看透、做透不說破

題聽起來像是在罵人呢？」黃渤的話一出口，在場的記者全部哄堂大笑，就連提問的記者也笑了。

黃渤是個幽默的人，更是一個擅長自嘲的人，與其他男藝人相比，他的相貌並不算帥。所以若有人用這樣的說法來提問的時候，難免會有一絲嘲諷的意味在裡面，這時候作為藝人的黃渤其實有很多方式來讓自己面對。

一、不去理會提出這種問題的記者

作為藝人確實有這種選擇的權利，如果問題涉及隱私，當然不需要回答。回答記者問題是藝人的權利；同樣的，拒絕回答問題也是藝人的權利。

二、譴責提出這種問題的記者

面對記者不懷好意的問題，明星可以用眼神示意或言語回擊。畢竟這已侵犯到了自己的個人名譽，提出這樣的問題確實應該受到譴責。但是如果當眾回擊的話，就會顯得有些不夠大度。

三、直接回答記者的提問

雖然記者的問題帶有惡意，但是藝人如果不在意的話，也可以爽快地回應這個問題。每個人對美和醜的概念都有自己的看法。美又如何，醜又如何，在慘淡的人生面前又能如何？

四、透過機智化解嘲諷

高情商的明星在面對刻意刁難的時候,最好的辦法是透過幽默的言詞來化解這樣的刁難和嘲諷。

既然對方想要取笑我,那我先自己取笑自己,這有點像搶別人的臺詞,讓別人無話可說的感覺,從結果來看,成效非常顯著。黃渤在面對記者「不懷好意」的問題時,運用幽默的自嘲化解了尷尬的局面,既沒有讓自己受到傷害,也沒有將矛頭指向提問者,可以說是最好的一種解決方法。

很多人認為自嘲是因為對自己不自信,但實際上勇於自嘲的人往往卻是那些自信的人。會嘲諷他人往往是自己沒有自信,想要藉由貶低他人來尋找自信。黃渤善於自嘲,是因為他對自己有自信,因為他可以在自己的專業上做到最好,這是其他人,也是那些嘲笑他的人無法企及的。

魯迅曾寫過一首名為〈自嘲〉的詩:「運交華蓋欲何求,未敢翻身已碰頭。破帽遮顏過鬧市,漏船載酒泛中流。橫眉冷對千夫指,俯首甘為孺子牛。躲進小樓成一統,管他冬夏與春秋。」

魯迅用碰頭、破帽、漏船等來調侃自己,不僅暗諷當時社會的黑暗,表達知識分子遭受打壓的社會現實,同時也排遣了憂愁。魯迅作為一代文豪,都能拿自己隨意調侃,更何

Part2　不出格，才不會出局——
交際的分寸在於看透、做透不說破

況是一般人呢？正是因為自信，讓魯迅用自嘲來回擊外界的黑暗。

藝人潘長江因為身材矮小，時常被人調侃為「矮冬瓜」，但是對於外界的這種調侃，他卻並沒有真正放在心上。不僅如此，他還時常拿自己的身高來開玩笑，他的那句「濃縮的都是精華」更是成為許多小個子朋友們回擊外界調侃的至理名言。

面對外界的嘲諷，莽夫會用拳頭回擊，傻瓜則會沉默不語，只有智者才懂得用自嘲予以回擊。在溝通過程中，我們並無意於嘲諷，但卻不小心將矛頭指向他人，如果對方選擇以自嘲的方式回應，我們就不應該再繼續隨聲附和，這樣不僅不能夠緩和氣氛，還會有反效果。

試想，如果潘長江在聽到別人說他「矮冬瓜」便大發雷霆，甚至對其大打出手，那就證明他真的很在意自己的身高問題。但如果他表現得很從容，甚至還拿這個自嘲開玩笑，既彰顯了自己的情商和自信，也能收受到更多人的尊重和喜愛。

自嘲是自信的一種表現，但並不是所有的自嘲都是有自信的表現，還有很多自嘲是為了維護自尊，給自己找一個臺階下，自嘲的目的是讓自己得到安慰。如果這個時候，其他人再隨意附和自嘲者的言論的話，就容易對自嘲者造成二次

傷害。這種出於維護自尊的自嘲，相對於自信的自嘲更像是一種假自嘲，但是很多時候，很多場合中，這種假自嘲也是有意義的。

想要熟練運用自嘲這個技巧並不簡單，只有具備下列幾個前提，我們才能將自嘲妥善的用來化解他人的嘲諷。

一、自嘲者要有足夠的自信

自信可以說是自嘲的一個重要前提，沒有足夠自信的人是不會拿自己的缺點開玩笑的。只有真正自信的人，才可以意識到自己的不足，也能夠坦然面對自己的不足。而當他人用這些不足來嘲笑時，擁有足夠自信的人並不會惱羞成怒，反而會藉機開自己的玩笑，以化解對方的嘲諷。

二、自嘲者要有充分的自知

自知和自信是相輔相成的，只有擁有了自知之明，才能發現自己身上的缺點。只有先於別人發現，才能適當地用這個缺點來自嘲。任何時候，自知都是一項優秀的特質。

三、自嘲者要捨棄一些自尊

自嘲是一件傷自尊的事情，但是如果連這一點自尊都不肯捨棄的話，很容易因小失大。每個人都有缺點，一味掩蓋缺點的人是沒有辦法用自己的缺點來開玩笑的，更不用說自嘲了。

Part2　不出格，才不會出局—
　　　交際的分寸在於看透、做透不說破

　　自嘲是一種生活的態度，它既不是自輕自賤，也不是自取其辱。自嘲看似是曝露自己的缺點，實則卻是一種自我保護、自我調節。當面對嘲諷的時候，適時調整一下呼吸，壓制一下脾氣，鬆開緊握的拳頭，活動一下腦筋，機智地運用自嘲來化解尷尬，能做到這一點才能演好生活這場大戲，讓人生充滿分寸感和活力。

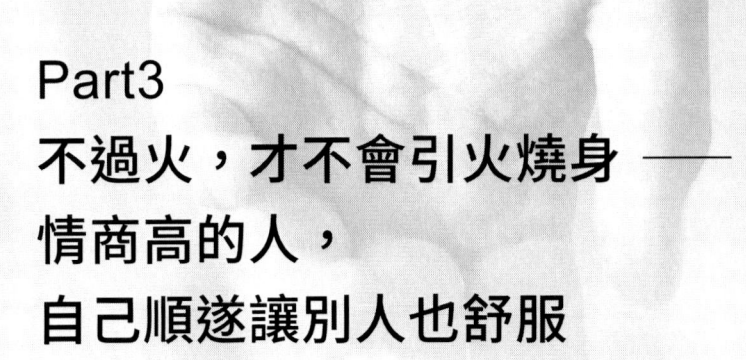

Part3
不過火，才不會引火燒身 ──
情商高的人，
自己順遂讓別人也舒服

Part3　不過火，才不會引火燒身—
　　　情商高的人，自己順遂讓別人也舒服

情商高手，
都懂得做一個「戲精」

戲精，這個詞語最初出現的時候是一個貶義詞，講的是人們為了博眼球，為了吸引關注而給自己「加戲」。拋開這個詞最初的涵義不講，戲精這個詞形容情商高的人也是非常合適的。因為情商高的人為了緩和尷尬氣氛，總會犧牲自己去做一個「戲精」。

尤其是黃渤，「戲精」一詞用在他的身上非常貼切，甚至是沒有任何一絲貶義的。為什麼？因為「戲精」不僅可以形容黃渤精湛的演技，還能展現他的高情商與分寸感。

在某檔邀請黃渤當來賓的節目中，他被問道：「如果美貌是一種罪的話，你會被判刑多久？」對於黃渤來說，外貌一直是被人嘲諷和他自嘲時常用的地方，因此對於這樣的問題，他的回答自然也是信手拈來。

可是為了炒熱現場氣氛，也為了接下來節目的訪談更加融洽，黃渤選擇為自己「加戲」。他毫不猶豫地說道：「當場釋放！」說完還跟大家一起笑了起來。

情商高手，都懂得做一個「戲精」

　　原本這個問題就是用來調侃黃渤的，他沒有認真討論外貌的問題，而是毫不在意地接住這個問題，甚至為了製造節目效果，還給自己「加戲」。當然，這種敬業地「加戲」方式，也奠定了黃渤情商高的「戲精」地位。

　　平心而論，在娛樂圈裡外貌好的大有人在，而黃渤確實算不上帥，可是他的情商與分寸感卻讓他魅力十足。他很會做人，知道什麼話該說、什麼話不該說，也知道在什麼場合說什麼話、需要用什麼樣的方式來說。因此，他的人緣非常好，口碑也很不錯。

　　2012 年，黃渤、導演管虎，以及管虎的妻子受邀參加談話型綜藝節目。管虎是著名導演，其妻子也是圈內人。當節目談到夫妻相處時，管虎有些沉悶，他對家庭生活發表了看法：「如果天天為瑣碎的小事爭吵，人都變得瑣碎了。」

　　此話一出，現場觀眾都是一臉嚴肅，整體氛圍也變得有些壓抑。這時，黃渤笑著說了一句：「如果是我，我會這樣說：『我是幹大事的人，刷碗？開玩笑呢！決不！』」觀眾們立刻被黃渤逗笑了，現場的氣氛也再次活絡，主持人和來賓也能輕鬆地繼續對談。

　　確實，情緒是會被感染的，黃渤不過是給自己加了短短的一句話，卻將高情商展現得淋漓盡致，也讓節目的訪談得

Part3　不過火，才不會引火燒身—
　　　　情商高的人，自己順遂讓別人也舒服

以順利進行。這句話本身雖然簡單，但是從說話的時機和語氣來看，若沒有豐富的經驗與閱歷，是無法在短時間反應得這麼快。

　　黃渤喜歡為自己「加戲」，甚至坦言自己就是個「戲精」。但他的「加戲」不是為了突顯自己，而是為了讓別人不尷尬、更舒服。第46屆的金馬獎首次出現雙影帝，分別是藝人張家輝和黃渤。在頒獎典禮上，張家輝與黃渤共同舉起了獎盃合影。這本來是件好事，但是網友卻不斷拿二人作對比，讓這件事成為二人之間的一個尷尬的疙瘩。張家輝不善言談，但是黃渤情商很高，每當有人對比兩人時，黃渤為了化解這樣的尷尬，總調侃自己是「半個影帝」，並對張家輝演技稱讚有加。

　　在第50屆金馬獎的典禮上，兩人再次相遇，張家輝想必對網友的對比言論也所有耳聞，於是看向黃渤時的表情一直很尷尬。黃渤卻看著對方笑著說道：「你去年也有提名，今年也有提名，是想努力把自己失去的那一半拿回來嗎？」張家輝立刻釋然地笑了，全場的氛圍也是和諧融洽。

　　所以，像黃渤這樣的「戲精」並非是處處盤算自己的利益和面子，而是進退有度、恰如其分，他的「戲精」是為了別人著想，這樣才能真正贏得別人的尊重，這樣的個性和高情

情商高手，都懂得做一個「戲精」

商，為他今天的地位和事業打下了基礎。

像黃渤這樣的人，天性隨和，又喜歡透過自嘲的方式給自己「加戲」。所以，每當有人發生衝突，或被別人故意刁難時，他總能找到不得罪人的最佳解法去調解。

另外，這種「戲精」的人，不會對人際往來產生恐懼，他將調解人際關係變成自己的日常，這樣下意識的習慣，也為高情商打下了基礎。

在工作上，帶有「戲精」特質的情商高手也自帶歡樂屬性。黃渤曾經當過一段時間的歌手，但是相比歌手生涯，當一名喜劇演員明顯更適合他，也更符合他的天性。黃渤的「戲精」個性也更能感染觀眾的情緒，將歡樂帶給更多的人。

當然，黃渤的高情商與分寸感並非一朝一夕促成的，想要提高自己的情商，首先要讓自己變成一個「戲精」，給自己「加戲」的過程，就是內心蛻變的過程。

做客某談話節目來賓時，黃渤講述了一段自己在大學時代的往事，他坦言那時還不像現在這麼有分寸感。班裡某位女同學，為了談戀愛而去了外地，導致全班同學的團體作業沒辦法完成，當時作為班級幹部的黃渤很生氣地指責了她。

雖然黃渤有理有據，但是女同學當下的神情讓他感到了困惑：自己是不是太過分了？在這件事上，他處理的方式並

109

Part3　不過火，才不會引火燒身—
情商高的人，自己順遂讓別人也舒服

沒有解決問題，只會讓彼此都很不舒服。從那時候開始，黃渤才決定當一個「戲精」。

當別人的想法與自己產生衝突時，黃渤總能迅速調節自己的情緒，然後選擇雙方都能接受的做法來解決問題。這樣的事情發生得多了，黃渤處理起來也就越來越得心應手。慢慢地，他也摸索出一套與人來往的「戲精法則」。

當然，他這種「戲精」的養成也與其豐富的閱歷有關。黃渤當過舞蹈老師，當過老闆，開過工廠，在玩具店打過工，也做過歌手。在這當中，他有機會能接觸到形形色色的人，也為他累積了極好的處世技巧。曾有位導演評價黃渤：「為何黃渤那麼受導演們的歡迎，爭相找他出演？因為首先，他為人隨和脾氣好；再來，他有創意，表演的悟性高；最後，他做事認真，且樂此不疲。」

這段話是對黃渤「戲精」個性的最好總結。而在這三點之中，脾氣好是非常關鍵的一點，因為脾氣好決定了他能跟不同導演、不同演員打成一片。只有放下身段，才能收穫更多。

老子曾說過，江海所以能為百谷王者，以其善下之，故能為百谷王。黃渤深諳其道，在這方面做得十分出色。需要注意的是，「戲精」並不是「老好人」。黃渤是有原則的，他知

道什麼可為，什麼不可為，也正是這種分寸感讓他在演藝圈中贏得了地位。

從黃渤的「戲精」行為上，我們也看到了高情商帶來的好處。那麼，如何做才能讓情商像「戲精」一樣高呢？

首先，在說話的時候讓對方心情愉悅，從而接受你的建議。其次，在與他人有衝突時，及時調整心態，用圓融的方式解決問題，避免爭執。最後，用同情心站在對方的立場上考慮，並理解對方的想法。

在生活中做一個「戲精」是很重要的，如果不想「踩坑」，也不想「吃虧」，那不妨做一個「戲精」，讓人生少走一點彎路。

Part3　不過火，才不會引火燒身—
　　　　情商高的人，自己順遂讓別人也舒服

做好配角的關鍵在分寸

　　提到周潤發、劉德華、周星馳等藝人，多數人腦海裡都會浮現八個字：香港電影黃金時代。在那個時代中，姿容姣好、演技卓越的藝人百花齊放。紅花自然要有綠葉襯托，在黃金時代中，讓大家印象最為深刻的黃金配角，就是吳孟達了。

　　吳孟達雖然從影二十餘年，卻一直為各種主角當綠葉。無論是蠢警、笨賊還是不正經的老爹，他都能演得絲絲入扣，讓人既覺得好笑又覺得心酸。可以說，吳孟達是一位靠做「綠葉」而大獲成功的明星。

　　很多人都說，沒有誰不想當主角。其實，在生活中甘願當配角的人才是真正情商高的典範。不管在電影、電視劇還是現實生活中，一個極其成功的人身旁，總會有個情商、智商都很高，也很有分寸感的人來輔佐。其實，相比於一把手，還是這樣的二把手情商更高。因為他們懂得隱藏自己的鋒芒，讓自己和別人都過得更好。

　　某次藝人林雪受邀做客某談話型綜藝節目當來賓，該節

做好配角的關鍵在分寸

目是以自嘲或吐槽其他來賓為亮點,帶給觀眾驚喜或驚嚇。說起林雪,不少人都會疑惑,他是誰?但提到他的螢幕形象,大家就會恍然大悟:啊!我經常在各種電影中見到他!

節目中,林雪聲情並茂地講述,並將人物形象刻劃得入木三分。讓觀眾驚訝的不只是林雪的口才,還有他的情商。相比其他幾位來賓,林雪多了一分內斂和淡然,他能很好地控制情緒,說出的話也非常有邏輯,聲音語氣和語調等也都讓人非常舒適。

林雪將節奏掌握得非常好,他很清楚哪裡會是觀眾的笑點,也清楚在哪裡應該要停頓,這種掌控的精準度與他多年飾演配角的經歷息息相關。

配角其實是很考驗情商的,他們既不能搶了主角的風頭,又要想方設法將主角襯托得更睿智、更英勇、更忠誠。能當配角的人,都很懂得照顧他人情緒,情商和分寸也都水準上。在見到新人時,他會說:「你的表現真不錯,我很欣賞你」;在見到大咖藝人劉嘉玲時,他會喊一聲「嘉玲姐」,並對其鞠躬致意。

這種願意襯托別人的配角精神,真的是演藝圈生存所必需的。只有放低自己的身段,才會讓別人對你有好感,也才能讓事業和人際關係都和諧發展。

Part3　不過火，才不會引火燒身─
情商高的人，自己順遂讓別人也舒服

　　為了讓自己的戲路不受限制，林雪一直很低調，雖然他的演技十分精湛，甚至演什麼像什麼，但是他仍然只選擇做配角。林雪曾經笑著調侃自己：「沒有林雪，這個演藝圈都不會有什麼影響。」但事實並非如此，沒有林雪，那些經典電影中的主角也就不會那麼突出，片子也會少了幾分味道。

　　在節目中，林雪情商最高的，就是在講述完之後，沒有像其他來賓一樣跑去跟劉嘉玲握手，而是在原地向對方鞠了一躬。

　　在場的其他來賓都是演藝圈的晚輩，林雪跟劉嘉玲都是圈內的資深演員，他卻願意將自己的身段，放到比其他來賓還低，這就是林雪情商高的地方了。這個鞠躬，代表了林雪對劉嘉玲的尊重和認可，也顯示出自己作為配角的情商和修養。

　　有人說，演配角的人在圈內人緣都很好。這是為什麼呢？其實，這並不是因為他們有背景或有錦囊妙計，他們只是很懂「配角光環」，就是用情商照顧他人的感受，不爭奪、不劫掠、不搶風頭。演藝圈本來就是爭奇鬥豔的地方，因此，低調的配角更能吃得開。

　　要想訓練配角情商，就要在下列這五點上保持低調，這樣才能收穫好人緣。

一、在幫助別人後不要宣揚

不少人在幫忙後都會大肆傳揚自己,唯恐天下有人不知道自己能力強、個性好。可實際上,我們如果在幫助對方之後過分高調,反而會讓對方感到反感,傷害到對方的顏面和自尊,反而與幫忙的初心違背,得不償失。

因此,情商比較高、分寸感比較好的人,都會在幫助對方之後保持低調,不到處炫耀,對方會更加感念自己的好,也會受到他人稱讚。

二、不依仗身分,不拿腔拿調

在社會中,通常情商高的人,社經地位會比較高,他們在與人相處時比較親和,這樣的好分寸也讓他們的人際關係網比普通人更廣泛一些。

相反,一些能力較弱、社經地位較低的人通常情商也較低,而且比較敏感、玻璃心,這也和他們的自卑感有關。所以,社經地位較高的族群,不該仗著身分拿腔拿調,而社經地位較低的族群,也應該努力提升自身能力和情商,不要妄自菲薄,也不要敏感多思。

Part3　不過火，才不會引火燒身—
　　　情商高的人，自己順遂讓別人也舒服

三、情商高的人，智商也不會低

一般來說，情商高的人通常能力不會太差，只是情商太高，為人太過低調，大家往往會忽略掉他們的實力。而且，真正有分寸感的人，也不會一股腦地將自己的能力都暴露在大家面前。在他們看來，展現出來的能力只要夠用就好，沒必要到處炫耀，否則可能會無端招惹有害關係，或遭人嫉妒，到時候容易費力不討好，也容易影響日常人際往來。

四、在說話方面懂得低調

情商高的人，懂得使用言語將人際關係處理好，他們不會講大道理，也不會唱高調，通常只用幾句話，就能讓人心情舒暢。有位偶像團體男藝人就是如此。在某綜藝節目中，他跟同一個偶像團體的團員與粉絲電話連線，本來製作單位是要送粉絲他本人的簽名照的，結果電話那頭的粉絲表示自己更想要另個團員的簽名。

其實，這種事情在演藝圈是比較尷尬的，很多演藝圈資深藝人都很難應對這樣的情況，尤其當時該團員就在他的身邊。誰知，他非常機智地說道：「因為你傷了我的心，所以要罰你稱讚我一句好帥。」

可見，會不會說話跟年齡大小是毫無關係的。

五、在與他人配合時懂得低調

在生活中,我們難免要與人相互合作,但很多人在合作之後,總會有意無意地提起自己的功勞,彷彿合作夥伴是欠了自己多大人情債一般,惹人不愉快。高情商、有分寸的人都很低調,他們懂得透過襯托他人來展現自己的好個性。因此,他們總讓人覺得很好說話,大家也都願意跟他們合作。在現今社會,配角比主角更容易獲得好人緣。而分寸感在其中就變得舉足輕重。出色的情商與分寸感,能讓你在人際往來中更容易受到青睞,更可以在複雜的人際關係裡讓你遊刃有餘。

Part3　不過火，才不會引火燒身—
　　　　情商高的人，自己順遂讓別人也舒服

拿捏分寸，留三分餘地給別人

我們常說，人在世間走，說話做事都要留三分餘地。這餘地不是給別人，而是給自己。

「知人不必言盡，留三分餘地於人，留些口德於己；責人不必苛盡，留三分餘地於人，留些肚量於己。」

正所謂「物極必反」、「水滿則溢」，就是在提醒我們在為人處世時，給對方和自己都留下一點轉圜的餘地，以免造成不可收拾的局面。

人們向來講究面子，可若想別人為我們留面子，我們就要為別人留餘地。如果不考慮對方的自尊心，讓對方感到尷尬甚至是恥辱，就會讓對方耿耿於懷，更甚者懷恨於心。

從心理學的角度看，為對方留面子其實是一種高情商的表現，而說話不為對方留面子，也只是一種個人的說話習慣。就比如有些人喜歡吹牛，喜歡虛構朋友的成就來狐假虎威。他們並不會說這是在吹牛，只會覺得這樣能顯得自己很成功、人面很廣，所以也不認為有問題。

不留面子的人也是一樣的，他們只會覺得，說話不留情

拿捏分寸，留三分餘地給別人

面是有個性、直率，並不認為自己這樣做可能會造成傷害，因此也不會明白所說的話會帶來什麼樣的後果。

當然，如果我們能做到推己及人，就能清楚自己的問題在哪裡。畢竟當我們有錯時，都會希望對方能原諒自己，所以做事說話留有餘地，給對方臺階下，甚至幫他走出尷尬的境地，其實是一種很大度的高情商表現。

在與人交談時，如果我們把話說絕，不為對方留任何餘地，那就等於斷了與彼此間的聯繫，堵住了後路。可如果我們把話說很巧妙，為對方留臉面，那結果就會完全不同。所以，對餘地的分寸掌控很重要。

在某綜藝節目上，來賓李誕是著名脫口秀演員。他的性格大刺刺，似乎對任何事情都不以介懷，但是在節目最後，卻罕見地露出傷感的一面。

當時，主持人和幾名來賓圍坐在一起吃飯，席間，李誕欲言又止，然後下定決心，開始反覆念叨，「我有件事得跟你們說」、「我跟你們說件事」⋯⋯大家都在埋頭吃飯，只有主持人細心地留意到了他的情緒波動。

原來，李誕自從參加了該節目後，就一直被觀眾說「存在感低」、「懶」、「沒用」等，尤其是在某次錄影中，他跟主持人約好要釣魚，最後卻因為賴床而放對方鴿子，遭到網友

Part3 不過火，才不會引火燒身──
情商高的人，自己順遂讓別人也舒服

嘲諷指責。李誕也曾說過，自己「肩不能挑，手不能提」，於是，網友又紛紛吐槽「勞動工作最光榮，李誕懶蟲最沒用」。或許是內心壓力太大了，他決定跟大家坦白。

主持人在注意到李誕的情緒波動後，很體貼地說道：「我已經吃完了，發生了什麼事啊？」

李誕停頓片刻便說道：「我昨天吃沙子炒螃蟹的時候，突然深深地覺得，我好像是那個沙子一樣，一點用都沒有。」

看著他消極地自我否定，主持人趕緊接過話題說道：「大海若是沒有沙子，就不會有沙灘，它的美就減少了一半。」

但是這番話並沒有讓李誕心情變好，他只是低落地自嘲說：「螃蟹去掉沙子就會變得好吃，是不是沒有我的節目就會更好。」

為了不讓李誕太難受，主持人進一步開導：「沙子進眼睛會不舒服，但是為了把它弄出來，往往會伴隨著淚水。」

可是李誕此事已有了離開的想法，最終，他將真心話說了出來：「我可能會退出。」

大家這才注意到李誕承受了多大的壓力，也才覺察到他的情緒波動。面對去意已決的李誕，主持人沒有強行挽留，而是很睿智地打了圓場：「你是個成年人，成年人做的決定我們都尊重。」

拿捏分寸，留三分餘地給別人

主持人的這些話，每一句都體面的為李誕留足了餘地。這些話肯定了他的價值，證明了他的品性並無問題，也維護了他的形象。這種高情商和分寸感的做法確實讓人佩服。

說到底，情商高的人，就是話說出來讓人舒適、讓人愉悅。這種為對方留有餘地的分寸感能快速有效地解決彼此的問題，滿足對方需求。俗話說：「利不可賺盡，福不可享盡，勢不可用盡。」意思是，如果我們讓別人過得輕鬆，自己也會舒暢。這種留有餘地的分寸感，也是情商高的人的處世良方。

在生活中總會遇到各式各樣需要臺階的時候，尤其是執拗和尷尬時，我們都希望有能有人替自己解圍，讓自己可以體面地收場。如果這時有人充當了解圍的角色，我們會發自內心地感激，而當對方遇到問題時，我們也更樂意出手相幫。

情商高的人，通常有以下幾個特點：

一、善於傾聽

對於有分寸感的人來說，傾聽是最關鍵的一點。很多人在聊天時都喜歡當主角，誇誇其談而忽略其他人的感受；殊不知傾聽才能見微知著，掌握對方言談間的細節，才能找出最有效的交談方式。

Part3　不過火，才不會引火燒身—
　　　　情商高的人，自己順遂讓別人也舒服

二、善於控制情緒

　　每個人都有情緒，喜、怒、哀、樂都是人類天生具備的感受。低情商的人容易被情緒左右，甚至選擇對周遭隨意宣洩，但是最後導致受波及的人不好受以外，自己也不好受。

　　因此，控制情緒，成為情緒的主人就成了高情商的必修課。只有敏銳地感受到對方的情緒，並疏導情緒，才能在人際往來中為其留有幾分餘地，促成彼此的關係。

三、懂得換位思考

　　生活中，總有些人喜歡以自我為中心，他們不顧他人感受、自以為是，常將自己的想法強加予他人。如果他們的要求得不到滿足，就會生氣憤怒，或採取冷暴力。而高情商的人具有同理心，知道換位思考的重要性，這種分寸感才是與人來往中最重要的一點。

能捧場就捧場，不能捧場也不拆臺

隨著資訊科技不斷發展，按讚成了朋友間的「君子之交」。而現實生活中，考驗兩個人友情堅定與否的就是「捧場」。

捧場，就是向對方表明你的態度和立場，也代表你對他的鼓勵與認可。稍有情商與分寸的人，大多深諳此道。為他人捧場，實際上是在支持別人的同時，還展現了自己的品性，也能讓對方知道他在我們心中的分量，一舉多得。

人際往來是我們生活中非常重要的一部分，沒人不想要有好人緣，也沒人喜歡在人際關係上糾纏、反目。因此，能捧場就捧場，已是人際關係中非常重要的一課。

當然，捧場並非是讓我們學著變成一個「人精」，也並非是讓我們「見人說人話，見鬼說鬼話」。而是要我們處理好各種人情債與關係。對於親密友人和功利性友人，我們自然要捧場；對於陌生人和無利益往來者，我們便可「萬花叢中過，片葉不沾身」。

這種分寸感，才是高情商人所必備的。

Part3 不過火，才不會引火燒身—
情商高的人，自己順遂讓別人也舒服

正所謂「世事洞明皆學問，人情練達即文章」，高情商的人都懂分寸，也知道如何掌握對方想法。他們能將捧場這件事做得讓人舒適，讓對方感激卻不造成壓力。簡單地說，會捧場的人，往往是人情往來上的佼佼者，他們能看懂身邊的每個人，也能清楚彼此間的親疏遠近。這樣的人會很受歡迎，能讓所有的人都不自覺地喜歡與親近，這才是人際往來的最高境界。

很多人說：「情商高都是天生的，沒辦法。」真的是這樣嗎？好像也有些道理，有些人看似天生就擅長處理各種人際關係，那這又是為什麼呢？

因為成長環境對情商的養成相當重要，情商高的人，從小就是在一個很有分寸感的家庭中成長，耳濡目染，家長言傳身教和家中的氛圍都會影響孩子的能力。如果家庭能為孩子營造適宜人際往來的環境，孩子就會不經意地受到家長待人處世方式的教導，這也是為什麼有人的「情商天生就很高」。

當然，後天努力也是很重要的。我們同樣能發現，一些父母不善言談、「老實純樸」，但子女卻是人情往來上的一把好手，不但溝通能力強，而且很有分寸感，也很會做事，這就是後天培養的力量。

能捧場就捧場，不能捧場也不拆臺

　　捧場，就是培養情商，開啟人際往來這扇門的重要鑰匙。每一段好的感情，都少不了彼此的「捧場」。比如某真人實境秀的節目中發生這樣一件事：妻子對丈夫說，如果丈夫對自己有怨言，就把窗戶關起來，然後隔著窗戶，將結婚這麼多年累積的怨氣喊出來。誰知，丈夫卻不假思索地說道：「沒有怨氣。」接著，妻子又繼續說，丈夫也可以打開窗戶，說一說她的缺點，有沒有什麼地方需要她改變。這時，丈夫依舊從容地說道：「沒有缺點。」

　　其實，我們都知道，在夫妻漫長的婚姻生活中，在他們的瑣碎日子裡，怎麼可能對彼此完全都沒有怨氣，也沒有發現彼此的缺點。丈夫體現情商的地方，就在於他懂得為自己的妻子捧場。這種分寸感，才是感情中最需要的東西。但不論是在生活中還是在演藝圈裡，明明相愛過的兩人，卻總選擇互相拆臺，弄得兩敗俱傷。

　　問題是出在哪裡呢？就在於他們缺少一種分寸感。俗話說：「罵人別揭短。」顧名思義，就是我們再生氣、再憤怒，也不要在指責他人的時候揭對方短處，攻擊對方的「傷口」或「隱私」。這其中不僅包括對方的生理缺陷，也包括對方不想為人所知的事情。彼此打架對罵可以，但是吐槽會傷了對方尊嚴，揭短會暴露自己的道德水準。

Part3　不過火，才不會引火燒身─
　　　　情商高的人，自己順遂讓別人也舒服

　　而揭短從某種程度上講，比「吐槽」更有殺傷力。如果在爭執時揭了對方的短，不但傷害了對方，也暴露自己的冷漠無情，最後就是兩敗俱傷。

　　也就是說，不管在什麼時候，能給別人面子，就別揭他的短處；就算不能捧場，也不要拆臺。這個世界上根本沒有完美無瑕的人，因為每個人都有缺點，都有短處，我們會希望將短處掩埋，不希望被人挖出來暴露在陽光底下。既然我們明白這個道理，就更應該「己所不欲，勿施於人」。

　　真正有分寸感的人，都知道不過問對方短處，也不會用對方的短處來恐嚇、威脅或發洩情緒。不拆臺其實是種大智慧，而拆臺，不僅暴露低情商和沒分寸外，也是損人不利己。

　　在人際往來中，沒人能保證自己一直順遂，也沒人能保證自己都不會有缺點。當我們對某個人成見頗深時，不去捧場或招惹對方就好了，沒必要去拆臺。拆臺的這個手段，日後只會為他人所詬病。所以，能捧場就捧場，不能捧場也不要拆臺。

　　不管我們是在職場上也好，在生活中也罷，不拆臺是最基本的處世原則。只有懂得給予他人尊重的人，才能受到他人對自己的尊重。體諒別人、維護他人自尊，這樣才能為自

己贏得好人緣,也才能展現高情商與分寸感,但是很多人明明知道這個道理,卻時常犯這樣的錯誤。

有些人覺得,拿朋友的短處開玩笑是件幽默的事;可換位想想,你可願意別人拿你的隱私四處宣揚博取眼球?拆臺者,最終會因為傷害對方自尊,而導致彼此感情破裂。

我們一定要明白「發他人短者易敗亡」這個道理,否則人生的道路只會越走越窄。與人來往是門學問,情商高的人都明白「不揭人短處」的分寸。多讚美對方,少挑毛揀刺,這是基本的人際往來之道。

Part3　不過火，才不會引火燒身─
情商高的人，自己順遂讓別人也舒服

你的成功，
容易刺痛身邊失敗的人

　　有句話叫「木秀於林，風必摧之」，什麼意思？就是說你的成功很容易讓失敗的人眼紅嫉妒。

　　這句話原為「木秀於林，風必摧之；堆出於岸，流必湍之；行高於人，眾必非之」，出自三國時期李康的《運命論》。一個人的品性能力如果高於眾人，那這個人就會被人們非議。幾句話，道盡了世間人情冷暖與險惡。

　　「槍打出頭鳥」，人們在交友時，都會下意識地選擇與自己能力、品性相近的人。雖然在目的性交友中，優秀的人會成為大家的首要目標，但人們大多是因為他能為自身帶來利益，並非是真心實意地想與這個人來往。

　　當一個人過於優秀時，大家也會帶著有色眼鏡看待其身上的特質。清高就會被說成「驕傲自負」，熱情就會被說成「偽善虛假」，人們總想透過這樣的非議，將優秀的人拉下神壇。

　　有位人際關係專家對我說過這樣一句話：「在與人來往

時，我們要盡可能地少賣弄自己，多給對方一些賣弄的機會，這樣才能鋒芒內斂，不給別人嫉妒你的機會。」這才是真正的高情商。

智商高的人聰明，情商高的人更聰明，因為情商高的人懂得在生活中不賣弄自己的聰明，懂得隱藏自己的鋒芒，不讓其他人因看到自己的才華而感到不平衡。這樣的人對瑣碎小事很「糊塗」，也不懼怕吃虧，因為他們知道自己人生的方向，在一定的範圍內，他們不會與人爭搶。相比於智商高的人，人們更願意接近情商高的人。因為情商高的人懂得分寸感，他們會將自己的沉穩展現出來，而不會把鋒芒暴露在眾人面前。

過年回家經常會看到親戚們相聚時，總喜歡炫耀自己的孩子有多麼好，他們喜歡透過炫耀而獲得他人羨慕的眼光。殊不知，這樣的炫耀會讓孩子和其他親戚很不滿。

對於好過的親戚來說，他們的孩子更加優秀，對方的炫耀就如同「跳樑小丑」；對於不好過的親戚來說，他們會因為自家孩子不如別人而如鯁在喉，背後可能還會說幾句「愛臭美」的酸言酸語。

「你的成功就像鞋子，自己穿著舒服就可以了，不用脫下來到處給別人聞。」

Part3　不過火，才不會引火燒身—
　　　　情商高的人，自己順遂讓別人也舒服

　　就算你事業再成功，賺的錢再多，這也只是你自己的事情。你的錢別人花不到，也就不能要求人家對你稱羨不已、讚嘆連連。

　　就算你的衣服再昂貴，鞋子品牌再高級，這些飾品也不穿在別人身上，就算炫耀給別人看，也不能為你增色多少。這個道理很簡單，但是總有人喜歡透過炫耀，來獲得自我滿足。有人喜歡吹牛，胡亂吹噓自己的同學或朋友裡有很多富豪，就好像這些東西都是他賦予別人的。可這樣的吹噓，也不過是虛榮與自卑相互作用後的結果。

　　有些人是真有才華和能力，也賺了一些錢；但他們透過炫耀，敗光自己的人際存款，如果被有心人盯上，還可能受到輿論譴責與非議。

　　他人的成功，很容易讓失敗的人傷感。人活著並非是為了證明給誰看，也並非是為了高誰一頭。成功就像一把雙刃劍，雖然能夠捍衛你的尊嚴和虛榮，卻也容易在經意或不經意間刺傷別人。

　　不少演藝圈的藝人都是很低調的，而且他們的事業也都很成功。不少人都是聽著歌手林俊傑的歌長大的，幾乎他所有的歌曲都為人所熟知和喜愛，但大家不太熟悉的是他的家庭。

　　曾經，有記者問到林俊傑的背景時，他很低調地說，自

你的成功，容易刺痛身邊失敗的人

己的父親就是個賣電話的。但其實，他的父親是跨國企業的大股東，母親在大型石油公司擔任負責人，哥哥是銀行的亞太區副總經理。可以說，林俊傑的家庭環境相當優渥。但他卻做出了「能靠家裡卻偏偏靠才華」的表現。

他喜歡音樂，也為音樂努力，在人們嫉妒他家庭條件優渥的時候，他卻謙虛地笑道：「音樂是我的夢想，如果我不努力，就只能回家繼承家業了。」就這樣，林俊傑靠自己的實力，逐漸成了一名真正意義上的音樂人，也受到了大家的尊重和喜愛。

藝人胡歌，其情商也是非常高的。他因為真誠的個性，被網友們所喜愛，而他讓人印象最深刻的角色，無疑是電視劇《仙劍奇俠傳》中的李逍遙了。可是隨著時間的沉澱，網友們才逐漸發現，與他個性更加貼切的，其實是電視劇《琅琊榜》中的江左梅郎。無論他多有才華，多受歡迎，都還是那麼謙遜、低調，讓人忽略了他的成功。

2016年，胡歌在某頒獎典禮上發表了自己的獲獎感言。這段話是胡歌的真心話，也是他作為演員的處世之道：「我覺得今天能拿到這個獎，不是因為我的演技有多麼好，而是因為我很幸運。我可能比更多的人更早地知道演員應該是怎麼樣的。」

在講話中，胡歌很謙虛地把成功說成是因為幸運，他不

Part3　不過火，才不會引火燒身──
　　　　情商高的人，自己順遂讓別人也舒服

提自己的努力，就是顧慮到現場未獲獎演員的感受。他沒有大談特談自己為了獲獎而做出的努力，他只是低調地感謝了曾對鼓勵過自己的藝人們。一番話下來，胡歌態度不卑不亢，就像一塊美玉般溫潤，讓在場演員紛紛動容。

胡歌是個很懂得收斂鋒芒的人，所以，他只願做一個「君子世無雙」的翩翩公子，以此來婉拒這許多是非。

有一種修養，是成功之後，也不四處炫耀，以免驚擾了別人的生活。

在看不見的人面前不說亮，在身材嬌小的人面前不說矮，這是最基本的社交之道，也是最基本的修養。

「匹夫無罪，懷璧其罪」記載於《左傳‧桓公十年》，一個人沒有罪，但他身懷才能，就會遭到沒才能的人嫉妒甚至陷害，這就是「懷璧其罪」了。

有成就並沒有錯，喜歡炫耀也不是什麼毛病，但是如果因此刺痛了別人，影響了自己，那就得不償失了。

每個人都有自己的選擇，所選擇的道路也都不一樣。大家都有自己處世的方法和態度，沒有必要將自己的成功快樂強加進別人的生活中，讓對方覺得不快樂。簡而言之，與人相處得當才是有分寸的做法，我們又何必為了一時痛快，而受到別人的指指點點呢？

不到火候,不要著急嶄露鋒芒

　　鋒芒,就是某件物品最尖銳的部分,也可以幫助我們更好地解決問題。比如針尖可以輕易穿透布料,刀鋒可以輕易切割食物等。但尖銳的成分也是最容易傷人的,針越尖,扎到手就越痛,刀越快,劃傷自己的機率就越大。

　　可以有鋒芒,但鋒芒太露卻不見得是好事。什麼情況下嶄露鋒芒是不合適的呢?那就是你的火候還不到家的時候。

　　從古至今,「韜光養晦」都是人們奉為圭臬的處世原則。所謂韜光養晦,就是讓人們在時機到來之前,先隱藏鋒芒,一邊修身養性、陶冶性情,一邊培養自己的能力與人脈,厚積薄發,以待來日。

　　所以,人們習慣性先將自己的才華隱藏起來,祕而不露,引而不發。在碰到問題時,收斂自身的鋒芒,以免在有所成就前就因遭人妒忌而早夭。

　　很多人都說,這種「韜光養晦」很狡猾,其實不然,韜光養晦只是一種處世修養,也是一種高程度的情商,與狡猾是完全不相關的。

Part3　不過火，才不會引火燒身——
情商高的人，自己順遂讓別人也舒服

　　越是成功的人，越懂得掩蓋自己的鋒芒。在《舊唐書》中，其編撰者趙瑩對有「小太宗」之稱的唐宣宗李忱評價很高。李忱為了實現心中宏圖，在爾虞我詐中蟄伏了 37 年，可以說是中國歷史上最厲害的韜光養晦實踐者。

　　李忱原名李怡，是唐憲宗的第十三子。唐憲宗有 20 個兒子，李忱的母親是名宮女，地位低下，按理說，李忱能當上皇帝的可能性不高。

　　但是李忱很懂得隱藏鋒芒，他一邊默默培養自己，一邊假裝自己是個「傻子」。自從目睹了殘酷的政治鬥爭後，他將自己身上的「傻氣」表現到了極致。在宴會上，當權者都喜歡逗一逗自己的傻親戚，看他出洋相，但正因如此，他躲過了兩場血腥的政變。

　　西元 846 年，唐武宗李炎駕崩，李忱的機會終於來了。宦官馬元贄覺得李忱是個傻子，若扶持李忱上位，自己就能控制皇帝，獨享大權。豈料，李忱一登基就立刻「聰明」起來。他不僅思緒清明，而且做事雷厲風行。

　　最終，韜光養晦的李忱因「勤於內政，撥亂反正」，一邊遏阻宦官勢力，一邊收復被外邦侵占的土地，讓大唐迎來了短暫的和平興盛。

　　越有成就的人，就越是低調溫和，也更懂得自我沉澱。

不到火候，不要著急嶄露鋒芒

他們懂得在羽翼還未豐滿時提升自我，修養身心，也懂得與人和睦相處，累積人脈，所以才能躲過成功前的風雨，等待雨過天晴的廣闊天地。

真正的智者，小事上糊塗，而在大事上睿智，為人低調且洞若觀火。真正懂得隱藏鋒芒的人，都是情商很高且很有分寸的人。豐富的學識涵養與人生閱歷讓他們學會要謙卑低調，才可以讓自己根底紮實，迎來日後的枝繁葉茂。

在生活中，我們不難發現一些有成就的人都是大智若愚的。他們知道在什麼時候該放低自己的身段，也知道在什麼時候該做什麼樣的事情。春秋五霸之一的楚莊王便有「不鳴則已，一鳴驚人」之說。他能將自己的鋒芒盡數隱藏，如潛龍在淵；當時機來臨時，他便一飛沖天，嶄露自己的才華。

砥礪內心的城府，才能抵禦塵世的風霜，這也是在說明，做人要有實力，也要有分寸，懂得適當地收斂實力，也是實力的一部分。

那麼，我們應該要如何做到韜光養晦呢？首先，懂得什麼樣才是低調做人。低調做人並非讓你拋棄尊嚴，而是用第三者的角度，冷靜地分析、觀察局勢，縝密地思考、安排行動，仔細地籌謀、規劃未來。這種策略上的分寸，是高情商族群所必需的。情商高的人會懂得以退為進，知道不蹚渾

135

Part3　不過火，才不會引火燒身—
情商高的人，自己順遂讓別人也舒服

水，不在形勢複雜或能力不足時出頭。他們會收斂外表的鋒芒，來掩蓋內心的情緒波動。等時機來臨奮起直追，一切自然水到渠成。

其次，懂得勝不驕敗不餒。韜光養晦一詞的重點其實是後兩字，所謂養晦，就是藉由修身養性去彌補身上的短處，繼而培養自身能力。在得意時，有分寸的人懂得收斂鋒芒，在失意時，情商高的人會掩蓋傷口，不四處訴苦，惹人厭煩。在結果還未明確時，有分寸感的人知道要低調，避免最後若結果不如意時，出現彼此都尷尬的局面。

最後，懂得引而不發、厚積薄發。這是隱藏鋒芒最重要的部分，也是隱藏鋒芒的目的所在。在時機未到，或自身能力還不足時，要培養能力與城府，提高修養，藉此抵抗種種風雨，最後達成自己的目標。

綜上所述，當你的火候未到時，請勿急著嶄露自己的鋒芒。

分寸就是要做到親疏有別

對於陌生人來說，親密就等於騷擾。這是因為人與人之間都有一條界線，當彼此不熟悉時，我們不能確定對方的界限到底在哪裡。如果貿然熱情，就會為對方帶來困擾，也影響兩個人日後的來往。

所謂分寸，無非是對彼此界限的掌控。這個界限除了時間要有分寸、場合要有分寸外，還包括關係上的分寸。情商高的人，對關係親疏遠近的界限掌握非常精準。他們能充分考慮對方的感受，讓人覺得與之來往很舒服。

普通人對分寸的掌握程度要很好，演員更是如此。如果用力過猛，就會給人一種矯揉造作、誇張的感覺；如果平平淡淡，就會讓人覺得面無表情、無聊。

在某演員選秀的綜藝節目中，藝人章子怡因為實事求是的個性，以及對每位演員來賓評價時的分寸感，迅速吸引了一批支持者。她本來就是資深演員，自然對演技要求格外嚴格。遇到演技卓越的來賓，章子怡惺惺相惜的感覺溢於言表；遇到演技浮誇或毫無演技的來賓，章子怡也會客觀點評，並

Part3　不過火，才不會引火燒身—
情商高的人，自己順遂讓別人也舒服

建議對方可以如何進步。她精湛的演技也受到其他藝人的盛讚。

其實，分寸感這種東西不但是演技優劣的試金石，也是情商高低的分水嶺。掌握不好親疏遠近的分寸，就會因熱情越界，或因冷淡分離。真正的高情商是不管跟陌生人還是親朋好友，都能遊刃有餘地掌握這種微妙的界限。

蔡康永曾在綜藝節目中，談到了主持與辯論之間的區別。蔡康永說道：「辯論是在舞臺上充分展示自己，而主持則要退到一個相對輔助的角色。」

確實如此，蔡康永不僅是這樣說，也同樣是這樣做。在該節目中，他為了將自己的觀點完整表達出來，將話說得是酣暢淋漓、不屈不撓；而在自己主持的另一綜藝節目時，他從來不會跟來賓爭搶風頭，總是作為綠葉襯托他人，給人一種沉靜溫和的睿智形象。

可見情商的高低，並不在於對專業知識懂得多少，而是在於能否認清角色的定位，掌握好角色的分寸，以及扮演好這個角色。

生活中，我們經常能看到下列這些逾越彼此界線的行為：

明明雙方不熟，但是對方卻隨意使用你的物品，甚至用

分寸就是要做到親疏有別

你的杯子喝水；剛認識時，對方就向你借錢借東西，甚至白吃白喝；給對方看手機相簿裡的某張照片時，對方未徵求同意就直接檢視其他照片；雙方交情不夠，對方卻時常找你幫忙⋯⋯

這些情況都是因為對方沒有掌握好彼此關係上的分寸。三毛曾說：「朋友再親密，分寸不可差失，自以為熟，結果反生隔離。」我們判斷對方是否越界的標準其實很簡單，就是看他的行為會不會讓當事人受到傷害。

前陣子，有「元氣少女」之稱的藝人陳意涵，因為貼出了一張與藝人賈靜雯的女兒和賈靜雯老公修杰楷的合照，而在網路上引起了極大爭議。

陳意涵長相甜美且性格爽朗，言行舉止也是不拘小節，在圈內人緣很好。但她貼出的照片中，自己同時摟著賈靜雯女兒以及賈靜雯老公修杰楷，讓網友們瞠目結舌。

雖然陳意涵的本意是為了幫忙宣傳賈靜雯的新書，但是網友們卻犀利地指出，修杰楷已是有婦之夫，且賈靜雯和陳意涵又是好友，拍這樣的照片容易惹人多想，感覺有失分寸。也許當下陳意涵覺得大家熟稔，其他人卻不一定這麼想。面對網友們的指責，她最終面對記者時向修杰楷道了歉。

Part3　不過火，才不會引火燒身──
情商高的人，自己順遂讓別人也舒服

在生活中也有很多像陳意涵這樣的人。或許她們並非刻意為之，因為越界者多數不會覺得自己已經越界，有不適的刺痛感也都是別人。但是沒人會希望自己的另一半跟其他女生過於親密，哪怕對方是自己的好友。

情商高、有分寸的人，在面對異性，尤其是有另一半的異性時，都會特別注意自己言行舉止的分寸。如果沒把自己當成外人，就容易引起非議。

界限，是一個很重要的概念，只有掌握了界限，才能掌握分寸，才能掌握生活的主動權。我們每個人都有自我界限，也都有不希望別人觸碰的私人領域。因此，只有提高分寸感，才能與這個世界和諧共處。

界限包括兩個方面，一種是身體界限，另一種是心理界限。身體界限包括對服飾、肢體、噪音等的容忍程度；心理界限主要在觀念、宗教信仰等方面。

在生活中，那些高成就的高情商人士，都會在身體界限和心理界限上尊重對方。比如在別人閱讀時，他們會自覺降低音量；不會在你面前，談論與你信仰、觀念衝突的事情。情商高，無非就是能照顧到別人的想法，尊重彼此間的界限。分寸感，並不是讓你刻意拉開與他人的距離，而是給彼此預先留出一個合適的、舒服的空間。

對陌生人，我們不會口無遮攔，不會在眾人面前故意讓其難堪；對於初識的朋友，我們不會過分熱情，也不會探聽對方私隱；對於好友，我們不會因親密的關係，肆無忌憚地闖入對方生活。

分寸感即是如此，留出一條邊界，「止乎於禮，無愧於心」，讓對方愉快，也讓自己舒坦。

Part3　不過火,才不會引火燒身—
　　　情商高的人,自己順遂讓別人也舒服

Part4
看人就像看山，
距離越遠越能看得全貌──
情商高的人，
跳出框架才能看清真相

Part4　看人就像看山,距離越遠越能看得全貌—
　　　情商高的人,跳出框架才能看清真相

在溝通的平衡點上,多說一分「好話」

在生活中,我們多少都有遇到過糟心的事。有時候是不想「忍讓」,有時候是想讓別人「禮讓」,在這樣的拉扯中,分寸感便悄然遠去了。

其實,我們溝通是為了爭輸贏嗎?並不是,而是為了讓雙方在彼此愉悅的情況下,達到兩邊都滿意的結果。

很久之前有一個國王,晚上做夢的時候,夢見自己嘴裡的牙都掉光了。為了知道這個夢境背後所代表的寓意,國王找了兩位解夢師。這兩位解夢師來到王宮後,國王向他們訴說了自己的夢境。

這並不是一個很複雜的夢境,大多數解夢師都能解惑。聽完國王的敘述,第一個解夢師說道:「尊敬的國王,您會在所有親屬都過世之後,才會迎來死亡。」聽完第一個解夢師的話,國王顯得有些不高興。第二個解夢師說道:「尊敬的國王,這個夢代表著您將是所有親屬之中最長壽的一位。」聽完第二個解夢師的話,國王龍顏大悅。

在溝通的平衡點上，多說一分「好話」

後來國王宣布將前者逐出王宮，並賞賜後者一百個金幣。

同樣的一個夢，兩個解夢師給出了二種回答，回答都沒有錯，也都能夠詮釋夢境，只不過兩個人用了不同的表達方式而已。從故事中可以發現，兩種不同的說法得到了截然不同的結果。

在溝通的過程中，同樣的意思，但不同說法會有不一樣的效果。向別人提出請求時，如果態度冷酷、言辭生硬，就會讓對方感到不舒服。同樣是向別人提出請求，如果態度友善，多說些「溫言軟語」，很容易讓對方接受，這樣一來，我們的請求就會更容易實現，溝通的目標也就更容易達成。

很多人認為在溝通過程中，只要把意思表達清楚，自己的任務就算完成了。但是實際上，溝通是雙向的互動，能否成功並不完全取決於自身，還需要看對方的反應。想要讓對方有一個好的反應，就應該改變自己的表達方式，多去說一些好話。

戰國時期法家代表人物韓非子曾著《說難》。在《說難》的開篇，韓非子提到了溝通、遊說有「三不難」與「一難」。

其中，「三不難」是指「非吾知之有以說之之難也；又非吾辯之能明吾意之難也；又非吾敢橫失而能盡之難也」。意思

145

Part4　看人就像看山，距離越遠越能看得全貌—
情商高的人，跳出框架才能看清真相

是說豐富的專業知識、高超的溝通技巧、恣意的闡述表達，這三點並不困難。

而真正「一難」則是指「在知所說之心，可以吾說當之」。意思是我們說的話必須合對方的心意，如果我們說的話讓對方反感且無法接受，那溝通的成效就會非常差。

有的人特立獨行，在溝通的過程中時常喜歡展現自己冷酷的一面，言談帶有自己獨有的風格。擁有獨有的風格並沒有錯，但是如果這種風格無法讓人接受就是個問題了。

有的人認為在溝通過程中，尤其是在談判過程中，率先「說好話」的人會顯得低人一等，是「示弱」的表現。但事實上，在溝通過程中，雙方的地位應該始終保持平等，不能因為哪一方率先說了「好話」，而使溝通的天平傾斜向另一方。

若我們率先說出「好話」，當對方接收到的時候，也會給予同樣的回饋，這樣溝通的天平就能維持平衡。對方沒有接收到，或者接收到了卻沒有給予同等的回饋，溝通的天平就會產生傾斜。出現這樣的狀況，就要及時判斷，如果是沒有接收到，可以再次表達自己的好意。反之，如果是接收到了卻沒有相應的回饋，就沒有必要繼續浪費自己的好意了。

在溝通的過程當中，智者說話會是「有話好說」，而愚者說話卻是毫無顧忌，只在乎自己，無視對方的感受。愚者甚

在溝通的平衡點上，多說一分「好話」

至還會語調冷酷地命令對方，這樣不僅達不到預期的目的，還有可能會引發雙方口角。

　　溝通雙方的對話應該建立在互相尊重的基礎上。也就是說彼此都需要在過程中隨時注意對方的感受。在表達自己的觀點時也要注意口氣語態，不要因為個人情緒而說出過分的話，引起對方不適，進而造成溝通的滯礙。

　　當然，能夠正常的溝通是對話雙方共同努力的結果，但是沒有辦法界定在溝通互動中，雙方所要付出的努力各是多少。

　　五五分乍看之下很公平，卻不現實。所以在與人來往時，多說一點「好話」，多付出一點善意，在天平上多讓對方一分，就能促成彼此舒適愜意的平衡。

　　如果能讓人際往來更加順利，主動多說一些「好話」又有何妨？

Part4　看人就像看山，距離越遠越能看得全貌—
情商高的人，跳出框架才能看清真相

孤獨，不過是一個人的美麗旅行

　　孤獨感可能是現代人最常產生的情緒。什麼是孤獨感？心理學家曾提出，孤獨感就是感到自己像是孤島與外界隔絕，內心中充滿孤單、寂寞的心理狀態。

　　孤獨，有說會讓人成長，也有說會讓人顛狂，還有說就等同是寂寞，情況嚴重者，甚至會有厭世輕生的念頭。

　　可孤獨感真的有這麼可怕嗎？當然不是，對於高情商、有分寸的人來說，孤獨感更像是一個人的旅行。他們能在時間洪流中守住自己的本心，也不會因為寂寞，隨意將就。

　　對他們來說，一個人去欣賞的風景，同樣很美好。前段時間，藝人俞飛鴻做客某談話節目，在節目中，她表示自己並非獨身主義者，更不是不婚主義者，她只是對自己當前的狀態比較滿意，也覺得很舒適。在俞飛鴻看來，一生很短暫，沒有必要為了「年齡」或「他人評價」等世俗的價值觀而去結婚，只要自己的精神世界足夠豐富，就可以了。在她的觀點中，有一句話深深打動了觀眾，也引起大家的共鳴。俞飛鴻說：「一個人也可以過得很舒適，兩個人在一起時的孤獨，可能比一個人的孤獨更悲傷吧。」

孤獨，不過是一個人的美麗旅行

　　確實，我們不用非要讓一個人陪伴自己。如果兩個人的觀念不同，思考問題的角度也不同，即使走入了婚姻殿堂，攜手相伴一生，那又如何呢？該孤獨的時候，你還是一樣孤獨。

　　作家汪國真曾說：「孤獨若不是由於內向，便往往是由於卓絕。太美麗的人感情容易孤獨，太優秀的人心靈容易孤獨，其中的道理顯而易見，是因為他們都難以找到合適的夥伴。太陽是孤獨的，月亮是孤獨的，星星卻難以數計。」

　　這種獨孤求敗式的孤獨，是因為他人難以企及，所以在高處感到異常孤獨寒冷。這並不是現代意義上的孤獨，現代人的孤獨更多是因為情感上的空虛和寂寞所致。

　　一些人由於過早的失去至親，缺乏訓練溝通能力的機會，只能四海為家、到處流浪。那些生活在孤獨環境中的人，不懂得如何付出情感，也無法接受他人的情感，從而造成情感和心理上的雙重孤獨。如果這種孤獨和敏感、狂躁、衝動等情緒相互作用在一起，就可能引發巨大的負能量。這會讓孤獨者有抗拒和叛逆的行為，嚴重者甚至走上危害社會的道路。不僅傷害了自己，還會傷害到別人。

　　關於孤獨，汪國真在後一半的內容中提道：

Part4　看人就像看山，距離越遠越能看得全貌——
情商高的人，跳出框架才能看清真相

「人都難以忍受長期的孤獨。意志薄弱的人為了擺脫孤獨，便去尋求慰藉和刺激；意志強的人便去追尋充實和超脫。他們的出發點一樣，結局卻有天壤之別，前者因為孤獨而沉淪，後者因為孤獨而昇華。」

汪國真話中所說的後者正是高情商的人，這些人懂得利用孤獨的狀態，會在其中奮起。而低情商的人因為意志薄弱，只會沉淪其中。從心理層面來說，人都是孤獨的，知音難求，孤獨難解。之所以會如此，就是因為我們希望別人能夠徹底了解自己，但這是不太現實的。

很多時候，當別人對我們不夠了解時，我們就會產生孤獨的感覺。這種孤獨感原本不會造成太大的影響，但若與負面情緒結合，所造成的影響就會無限擴大和惡化。

當父母不認可時、當戀人提出分手時、當與好友的價值觀相左時、當無法融入新公司時，孤獨感就會油然而生。無法得到他人的理解，成為我們被孤獨圍困的一個重要原因。

相比於中年族群，青年族群更容易產生孤獨感。作為人生發展的一個重要階段，青年時期是從未成熟邁向完全成熟的過渡期。這個時期，青年族群會在生理、心理上發生明顯的變化。

這個時期，青年族群往往會以為自己已然成熟，但實際

孤獨，不過是一個人的美麗旅行

上，他們對於社會和生活的了解仍稍顯不足。在這種時候，青年人常會感到自己不被他人理解，進而產生無以名狀的孤獨感。加上青年們正處於情緒敏感時期，所以常常會陷入孤獨中無法自拔。美國心理學家尤金・T・簡德林（Eugene Gendlin）認為，青年產生孤獨的原因，往往是對他人過分多疑，乃至於失去對他人的信任。這與青年心理發展的特點是相吻合的。

產生孤獨感是因為離群索居。引發原因可能各有不同，但結果都是將自己圈在了自己的「小天地」中。當產生孤獨感時，不及時加以擺脫和消除的話，就會深陷其中，若再加上其他負面情緒的影響，孤獨感將會倍增，並逐漸被負面情緒所控制。

既然孤獨感的產生是因為我們將自己關了起來，那擺脫孤獨感的方法，就是要設法踏出自己的「小天地」。多去接觸別人，多去了解世事，不僅有利於排解孤獨感，還有利於認識整個社會環境，認識生活的樣貌。

具體來說，排遣孤獨感，可以從下列幾點著手：

一、多與人交流

和睦的人際關係能夠消解孤獨感，多與身邊的人交流，彼此之間密切聯繫，這是排解孤獨最直接的方法。深入思考

Part4　看人就像看山，距離越遠越能看得全貌——
　　　 情商高的人，跳出框架才能看清真相

會發現，孤獨感很多時候是由自己造成的，越不與他人交流，孤獨感就會越強烈。一旦敞開心扉與他人暢談，孤獨感就會煙消雲散。

與人來往過程中，不同的談話對象會帶給我們不一樣的溝通體驗。

計程車司機會和我們討論對整個城市的看法，服裝銷售人員會和我們交流當前的潮流穿搭款式，菜市場的阿姨會和我們聊小區內外的家長裡短。多與不同的人交流，我們就會獲得不同的溝通體驗，並在溝通中感受到生活的溫暖。

二、多接觸大自然

很多人認為自己不與別人打交道，是因為想一個人獨處，親近大自然。這只對了一半，一個人獨處是真，但親近大自然並不確切。

真正親近大自然是全無雜念地欣賞大自然的美景，感受大自然的活力和生命力。而不是斷絕視聽，完全不與外界產生聯繫。

多接觸大自然可以排解孤獨感，自然界的一花一草一木都能夠帶來不一樣的體驗。大自然具有天然的療癒作用，她會平等地給每個人恩賜置身大自然，不僅呼吸會更加通暢，整個人的心情也會變得開朗起來。

三、用興趣愛好趕走孤獨

孤獨並不可怕，正如汪國真所提到的一樣，有的人正是在孤獨中獲得了卓越的成就。因此，我們要善於利用孤獨。一天 24 小時，除了正常作息，每個人都應該擁有一段「獨處時間」。這段時間如果虛度去過，孤獨感就會襲來；如果充分利用，對自己就會受益匪淺。

獨處時，我們可以學習自己想學的東西，嘗試一些興趣愛好。透過實際行動來排解孤獨，如果一動不動地坐在原地，孤獨的心緒就會把我們吞噬。如果我們行動起來，孤獨就會褪去。

孤獨感是正常的心理情緒，正視孤獨才能消解孤獨。在生活中，不要一味將孤獨當成是負面的東西，如果能夠抵制住負面情緒的侵襲，孤獨也未嘗不可。

千百年來，在那些成就非凡的人中，有不少人是在孤獨中奮發，進而成就了一番事業的。如果能夠正視孤獨，善用孤獨，那就試著與孤獨和睦相處吧。或許在某個時候，你就會突然發現，一個人的旅行，其實也可以很美好。

Part4　看人就像看山，距離越遠越能看得全貌—
情商高的人，跳出框架才能看清真相

憤怒的背後，一般都是恐懼

有人曾說：「所有憤怒的背後，都是我們不想面對的恐懼：以羞愧、委屈、被遺棄、不被愛等方式呈現。我們無法跟這些情緒共處於當下，所以讓引發這些情緒的人事物來為我們的怒氣買單。」

確實，人總是有很多情緒，諸如焦慮、快樂、憤怒、悲傷、喜樂，這些都是眾多情緒的一部分。可是從專業角度分析，人的心靈其實只存在兩種情緒，愛與恐懼。

諸如快樂、喜悅等所有的正面情緒，其實都來源於愛；而諸如悲傷、憤怒、憂愁等負面情緒，其實都來源於恐懼。如果進一步研究恐懼的情緒，我們就會發現恐懼也是出自於對愛的渴望。

打個比方，為什麼人們在生氣時會發怒。因為他們非常恐懼，為了隱藏自己的恐懼，為了讓恐懼得以抒發，他們就會用憤怒來偽裝並向對方表達自己的不滿。

對應到生活中的場景，假設妻子在家準備晚餐，但丈夫卻遲遲未歸，妻子很生氣地指責丈夫，二人大吵一架。如果

憤怒的背後，一般都是恐懼

進一步研究妻子生氣的原因，我們就能發現她對丈夫回家的時間很敏感，她在家裡準備晚餐時，其實是缺乏安全感的。她害怕丈夫遲遲未歸的原因是有外遇，或是出現意外。所以，她憤怒的背後，其實是一種恐懼。

然而，出於對表達的需求，或者不願承認自己害怕，不好意思直言自己的內心想法，我們通常會用憤怒來表達這樣的不安。

在某次記者會中，一位剛經歷分手的女藝人被記者問及和前男友的分手細節。女藝人三緘其口不予回答，但是記者卻咄咄逼人，最後女藝人雙肩顫抖地對記者說道：「你真是把我氣死了。」其實，她並不是真的對記者的行為生氣，而是受傷，她害怕在大家面前提起那段卑微的愛情，只能用生氣來掩蓋自己的恐懼。

再比如，在某綜藝節目中，一位男藝人開車比較猛，另一位香港男藝人明顯有些緊張。他用不太標準的國語對男藝人說：「你不要開那麼快，煞車不要踩那麼急，你這樣會被警察攔停開罰單的。」其實，他並不是怕警察會來開罰單，他的真心話是：「你不要開這麼快，我很害怕。」

在節目裡的場景，其實在現實中也很常見，尤其好發在情侶之間。男生擔心被女生拒絕，於是逐漸變得或強勢或卑

Part4　看人就像看山，距離越遠越能看得全貌──
情商高的人，跳出框架才能看清真相

微；女生害怕男生變心，於是逐漸變得或敏感或善妒。當一些看似是徵兆的事件出現時，雙方就因害怕失去對方，而選擇使用憤怒、發火的方式來試圖掌控局面。

可是，情侶之間相處時，這種「憤怒」不會被對方理解成「恐懼」，而是會被理解成「攻擊」。在一段關係中渴望對方關心和疼愛時，人們很少使用受傷、內疚、傷心、害怕等情緒，通常會使用憤怒和生氣。

因此，在吵架時，我們很常會說「你說這樣的話讓我很生氣」、「你為什麼老是往外跑」、「你總愛是遲到，我真的很生氣」。但如果仔細觀察，這些生氣背後不過是「我害怕你不再愛我」、「你不在身邊，我很沒有安全感」、「我害怕你不再重視我」。所以，那個經常生氣、憤怒的人，其實是很愛你，也很容易受傷的。

作家紀伯倫（Kahlil Gibran）這樣寫道：「一個人的本質，不在於他向你顯露的那一面，而在於他所不能向你展露的那一面。因此，你若想了解他，不要去聽他說出的話，要去聽他沒說出的話。」

遺憾的是，人們經常被憤怒衝昏頭腦，不知道如何才能正確表達自己的想法，當我們聽到對方的氣話時，也因這些話語而深陷悲傷之中，忽略了其中所蘊含的恐懼和愛意。久

憤怒的背後，一般都是恐懼

而久之，愛滋生恐懼，恐懼滋生憤怒，憤怒滋生裂痕。

所以，與人相處時的分寸感很重要，有分寸感的人會將恐懼與憤怒分隔開來。他們懂得將情緒內斂，用對方可以並樂於接受的方式表達自己的想法。

詩人泰戈爾（Rabindranath Tagore）說，理解就是愛。有分寸感的人，都會為對方多預留一份同理心。我們對彼此的理解越深，就越能夠諒解對方，這才是愛。

因此，情商高、有分寸的人都知道，如果真心愛一個人，就一定要了解對方的感受，不能因為控制不好情緒而傷害對方。如果你不願意去試著了解對方的想法和感受，或是無法好好地控制自己的情緒，那就沒有辦法處理好與對方之間的關係。

不要因為對方的話傷害到你，就覺得顏面受損要反擊回去，這樣會將一段關係變成敵對。試想，在一段敵對的關係中，我們又如何能做到感同身受呢？

如果你能從對方的情緒中感知到恐懼，那你就能因為同理心而去深入了解他，你會發現他的悲傷、難過和失望，你也可以感受到他想得到愛的渴望。當你在完全理解這些情緒後，你就比較能夠去釋懷對方所表現出來的憤怒和敵意。

其實，我們憤怒的原因，是因為沒有掌握好彼此快樂感

Part4　看人就像看山，距離越遠越能看得全貌—
　　　　情商高的人，跳出框架才能看清真相

的分寸。在生活當中，一些喜歡用憤怒偽裝恐懼的人，都是將快樂的主導權交給了對方。當對方忽視了你的快樂感，你就容易感到恐懼不安，從而產生諸如憤怒的各種負面情緒。

比如妻子說：「我很傷心，因為我的丈夫不能體諒我的辛苦。」這是因為妻子將快樂的主導權交到了先生那邊，當先生忽略她的感受時，她就會產生恐懼，從而滋生出悲傷。

再比如，一位女性長者埋怨道：「我媳婦不幹活，真是氣死我了。」她就是將快樂的主導權交到媳婦身上，只要媳婦不順她的意，她就會害怕媳婦會跟兒子一起不孝順自己，從而滋生出憤怒。

又或者，一個男生難過地說：「老闆從不賞識我，讓我很難過。」

這就是將快樂的主導權交給老闆，老闆操縱了他的心情，他會因老闆對自己的態度，而產生各式各樣的恐懼。當我們將快樂的主導權交出去時，對方就控制了我們的情緒，如果對方不願按照你期待的方式來對你，你就容易因為恐懼而產生憤怒。

但這樣是很不公平的，對自己和對方都不公平。有分寸感的人是不會將快樂的主導權交給別人的，他們懂得調節自己的心情，也懂得不給對方增添壓力。

憤怒的背後，一般都是恐懼

千萬不要再說，「某某某把我氣個半死」、「都是某某某害得我這麼痛苦」，因為這背後都是自己做出的選擇。我們選擇了不快樂、選擇了生氣，選擇把快樂的主導權交出去；那不要因為對方沒有滿足我們，而悶悶不樂。

同理，當對方不快樂，並且指責你「是你讓我很生氣」的時候，你也不用太在意。因為這是他的選擇，如果你不是特別愛他，就大可不必為了他勉強改變你自己。

不少人都說：「我希望能找到快樂。」這句話背後的涵義，是希望他的愛人、父母和子女能讓他快樂，但是通常能讓他快樂的日子並不多。只有當他明白，快樂取決於自己，當他將快樂的主導權拿回來時，他才能真正找到快樂。

真正有分寸感的人，是不會將自己的人生幸福的主導權完全建立在某個人的身上。因為只有自己，才是可以讓自己人生好過的存在。

情商高的人都明白，快樂並不是來自別人，而是來源於自己。乞討來的、卑微的愛，只會讓我們越來越恐懼，也會滋生出越來越多的負面情緒。

憤怒的背後是恐懼，而恐懼取決於我們的選擇。只有將這其中的分寸掌握得當，才能夠真正的快樂。

Part4　看人就像看山，距離越遠越能看得全貌—
情商高的人，跳出框架才能看清真相

人總是缺乏什麼就炫耀什麼

　　虛榮心這個東西，一直被誤解為人的面子。當然，它確實是一個很複雜的情感，就算是本身很優秀的人，也難逃受到虛榮心的驅使。他們會下意識地掩蓋自己的缺點與陰暗面，並將自己身上的優點放大。

　　得益於此，我們也能從中發現對方的處世態度——他們掩飾的都是自己最羞愧的部分，而炫耀的，都是自己最在乎也最不容易得到的部分。

　　那麼，什麼是炫耀呢？炫耀就是我們透過展現比別人優越的地方，來獲得滿足感。炫耀與單純的分享不同，炫耀的同義詞是顯擺、賣弄，愛炫耀的人，會用讓人不悅的方式來賣弄自己的優勢。愛炫耀的人，通常以自我為中心，他們渴望獲得讚美，卻選擇用一種不討喜的方式。人越是缺少什麼，就越會炫耀什麼。同樣，一個人越害怕別人說自己什麼，他就越會說別人什麼。

　　個性的養成無非是兩種情況；一種是自身的原因，另一種是受到周圍環境影響。如果是自身原因，那就是沒學會如

人總是缺乏什麼就炫耀什麼

何正確展現自己的分寸感;如果是因為環境,那情況就比較複雜了。

試想,如果你身邊都是說話尖酸刻薄,還喜歡貪小便宜的人,那你就會受到影響,潛移默化中將尖酸刻薄當成習慣。雖然你的本質是好的,但在人際往來中,或多或少會受到其他人的影響。

這個時候,建議換個比較正向的環境。如果家庭氛圍就是這樣的,那就儘早獨立搬出去;如果公司內的企業文化就是這樣的,而工作的前景和薪資並不理想,那就儘快換工作;如果身邊有這樣的朋友,那就盡量遠離他們。拿捏好與此類人來往的分寸感,才不容易迷失自己的初心。

對一般人來說,經常會在社群媒體上與眾人分享日常生活,這是一種自然的對話形式,也是正常分享喜怒哀樂的途徑。我們釋放情緒,也聆聽別人的情緒,這是一種相互來往的雙向關係。

但是炫耀卻與優越感有關,有些人享受在聚光燈下閃耀,讓其他人羨慕自己可以受到他人喜愛,而忽略與其他人的溝通。這種單方面的炫耀,反而會暴露出自己的短處。

人們喜歡炫耀自己的原因,無非也就是以下幾點:

Part4　看人就像看山,距離越遠越能看得全貌—
情商高的人,跳出框架才能看清真相

一、對別人感興趣

是的,當我們對別人感興趣時,我們就渴望在對方面前炫耀自己最渴求的東西。比如外貌條件不高卻愛炫耀的人,總會喜歡用各種精心拍攝的照片吸引對方注意,以此表達「其實我很美／帥」;再比如生活比較困窘但是愛炫耀的人,會經常在社群動態貼各類奢侈品和金錢的照片,以此表達「我很有錢,我過得很好。」

人們希望透過炫耀自己所擁有的東西,來引起對方的注意,讓他覺得「你很完美,原以為你沒有錢、不漂亮或不會做飯……等,但沒想到你什麼都有」。可是炫耀的結果卻適得其反,對方只會覺得「這個人在賣弄」。

二、炫耀是缺乏自信

不少人都會給自己一個負面的心理暗示,他們會覺得「別人肯定會因為我沒有錢、不漂亮或不會做飯等……等,而看不起我」,因此,他們常常炫耀自己的短處,藉此來證明生活過得很好,提高自己的自尊。這種人的特徵就是,明明與你才剛認識沒幾分鐘,就開始滔滔不絕地講起自己的輝煌事蹟。慣用的開頭像是「想當年我如何如何……」「某某某你知道他嗎?我跟他曾一起……」「最近談了筆小生意……」其實,他們只是害怕對方看不起自己,而慌忙地展顯自己的優秀。

三、從小就是家庭的中心

一般來說，獨生子女比多生子女更傾向於「炫耀」。這是因為獨生子女從小就是家庭的中心，集家中萬千寵愛於一身，容易養成驕縱蠻橫的個性。在步入社會後，就會發現自己並不是世界的中心，於是，就會透過炫耀自己來獲得大家的關注。

四、換取利益

在參加聚會時，為什麼要需要隆重的盛裝打扮，有的人甚至還要租豪車？並不是因為他們對主人家的尊重，而是為了彰顯自己也「是個有身分的人」。

如此，他們就可以在聚會上受到大家奉承，獲得更多關注，也能得到躋身上流社會的機會。

炫耀會帶來滿足感，讓人們覺得自己是「有面子」的。如果將自己的豪車停放在顯眼的位置，就等於告訴別人，「外面流傳的那些我沒錢的消息只是謠言，我還是個很有錢的人」。當然，外面有沒有流傳並不一定，只是他們害怕外面有這樣的傳言，因此想炫耀自己過得很好，藉此謀求更好的機會。

透過上面四點原因，我們不難發現其實炫耀也可能是情有可原的。那既然是情有可原的，為什麼大家都不喜歡炫耀的人呢？因為這些人在炫耀的時候，是以貶低他人為前提。

Part4　看人就像看山,距離越遠越能看得全貌──
　　　情商高的人,跳出框架才能看清真相

　　貶低對方是提高自己身分最快最有效的辦法,比如有的人很喜歡找服務人員的麻煩,尤其是餐廳的服務生更是經常被客人刁難。

　　在演藝圈這樣光鮮亮麗的圈子裡,並非每位藝人都有深厚的背景和殷實的家境,不少藝人都是從「草根」開始,一步一步奮鬥起來的。

　　藝人岳雲鵬在還沒出道前,家境是相當貧寒的。接受完義務教育後,岳雲鵬就開始外出做工,教育程度本身不高,也沒有一技之長的他,只能去餐廳當服務生,當時月薪只有一萬多塊,還要負擔房租。

　　他印象最深刻的,還是自己在餐廳當服務生的經歷。他說道:「做服務生,點餐的餐點寫錯、客人的喜好記錯了,客人就不滿意了,我說我給您打個折,這樣還不行。就一直罵我,各種的侮辱我。我說給您算免費,用餐的錢我出了。已經都過去多少年了,直到現在我都還記得這件事。我一提到這個就真的很難受,特別不想講起這件事。」

　　主持人對於他的經歷有些不能理解,便驚訝道:「就為了那幾塊錢的餐點?」

　　岳雲鵬苦笑道:「幾塊錢的餐點,各種侮辱我。即便是到現在,我還是會埋怨他,真的。有人說,你賺的比原來還

人總是缺乏什麼就炫耀什麼

多很多了,你不應該還不滿意,你應該感謝對方,如果沒有他,你不會有機會往藝人這條路發展。可我還是不滿意,到現在也是。憑什麼我低聲下氣道歉了,什麼樣的好話都說了,你還是這樣得理不饒人。」

直到今天,他已經功成名就,卻依然忘不掉自己被客人臭罵了三小時的情景。岳雲鵬坦言,自己仍然無法釋懷。能讓一個藝人在節目中,直言不諱地表達自己強烈的不滿,可見對方造成了岳雲鵬多麼大的傷害。他甚至說道,自己只要一想到這件事情就會哭,還因為這件事情變得有些自卑。貶低岳雲鵬的客人,其實就是藉著對服務生發火謾罵,來炫耀自己的地位。但是這恰恰暴露了對方是個很沒地位的人。岳雲鵬當時工作的餐廳並不是那種大宴會廳,前去用餐的大多也是受薪階級或一般民眾。對方罵岳雲鵬的目的,就是想透過辱罵對方,讓在場的其他人覺得「這個人地位真高,把服務生罵得不敢還嘴」。但是其實,在場的人只會覺得「這個人有病吧,跟服務生大小聲做什麼,真是無理取鬧。」

如此看來,客人不但沒獲得別人的尊重,反而讓周遭的人指指點點,還傷害了被自己辱罵的人,損人不利己,是真正的情商低下。對於愛炫耀的人,其實我們也不必與之較真。因為你從容不在意的樣子,才是最好的反擊武器。

Part4　看人就像看山，距離越遠越能看得全貌—
　　　情商高的人，跳出框架才能看清真相

拒絕比較，
比較才是最不公平的事

「我奮鬥了一輩子，還不如人家一開始的起點高。」這是經常聽到用來抱怨出身的話。

出身公平嗎？這個不得而知，但我們需要知道的是，比較才是不公平的。

情商高、有分寸的人，都不會拿別人和自己比較。因為世界上有一種常見的不公平，那就是「被比較」。可將自己拿出去比較的，往往是自己最親的人，有時甚至是我們自己。而「罪魁禍首」，便是那個「別人家的孩子」、「隔壁鄰居家的小明」。

從小到大都深受其害，從孩提時起，耳邊便是「別人家孩子學習是如何的棒，別人家孩子工作如何好」。這似乎成了一種擺脫不了的宿命，讓本就艱辛的生活徒增煩惱。那些諸如「你看看人家某某某學習成績總是名列前茅，再看看你考的那個分數，我說出去都怕丟臉」、「你看看人家孩子多懂事，什麼事情都不用大人操心，再看看你好吃懶做，三不五

拒絕比較，比較才是最不公平的事

時還給我惹事」之類的話。雖然發出「比較」之聲的人，往往是善意的，希望藉此來激勵「被比較」的人努力上進，可收效卻事與願違，除了傷害「被比較者」的心靈，毫無用處。

就拿家庭來說，有分寸的父母從不會拿自己的孩子與他人的做比較。因為孩童時期是一個相對敏感的時期，如果父母因為過分的期望，或蓬勃的野心去督促孩子做不喜歡的事，那這些孩子就會因為想要「討好」父母，而讓自己不快樂；有些孩子甚至會有叛逆的行為，一旦他們認為自己有足夠的能力時，便會奮起反抗。

當然，無論哪一種情況出現，父母原先在孩子心目中樹立的形象都會大打折扣，進而產生隔閡，更甚者會造成孩子心理扭曲。既然比較會帶來諸多負面影響，為人父母者切勿再為之。何況，教育孩子的方法千千萬，又何必非要選擇這種傷人傷己的呢？

就拿「股神」華倫・巴菲特（Warren Buffett）來說，他就是位情商很高，且很有分寸的父親。他的三個子女無論在學業還是事業上，都沒能達到他的成就，可他從不過分要求他們，也從不把他們與任何人（包括他自己）比較。他善於傾聽孩子們究竟喜歡什麼，然後鼓勵他們用盡全力去追求，而不是自己為他們預先規劃什麼。

Part4　看人就像看山，距離越遠越能看得全貌—
情商高的人，跳出框架才能看清真相

　　巴菲特的小兒子彼得曾為了打破各方的質疑，證明自己並非頂著父親的光環，而在一年半的時間內修習完 20 門基礎課程，可是他並沒有為此感到快樂。於是他問自己的父親：「如果我輟學，您是否會覺得面上無光？」巴菲特頗為鄭重地說道：「我知道你一直想做自己喜歡的事情，比如音樂家。我仍記得你 7 歲那年坐在鋼琴前，把一首歡快無比的〈洋基歌〉彈成了哀樂。能把歡快的歌曲彈奏成哀樂，這說明兩件事情：一是彈奏者的心情很糟糕，二是他具備非凡的音樂天分。」

　　事實證明，巴菲特的做法是對的，彼得的確在音樂上取得了成就。他曾對孩子們說：「找到你自己喜歡做的事，然後像我一樣對這件事充滿熱情，每天跳著踢踏舞去上班。」

　　巴菲特將自己財富的一大半都捐贈出去，並且告訴孩子日後不會繼承到家產。巴菲特表示：「家庭給了富二代豪華的環境、貧乏的人生。他們不是生來嘴裡就有金湯匙，而是生來背上就插著金匕首。」而他的女兒蘇西曾這樣概括他們姐弟三人的成長史：「我們並不是和世界上第二富有的人一起長大的，我們的生活很平常。」

　　事實上也的確如此。巴菲特的大兒子霍華德大學退學後做過幾年挖掘工，當過停車場收費員，還競選過公職，最後他才發現當農民能讓他感到快樂。於是他從向父親租借

拒絕比較，比較才是最不公平的事

的400英畝（1英畝約等於4,046.87平方公尺）農田開始，直到後來他的農場總面積達到了1,900英畝。他甚至親自去務農，他認為這是他找到的人生方向。

而巴菲特的小兒子彼得也曾為了自己酷愛的音樂事業向父親借錢，卻遭到了拒絕，彼得氣憤地去銀行貸了款。後來他表示：「在還貸的過程中，我學到的東西，遠比從父親那裡接受的無息貸款多得多。現在想來，父親的觀點對極了。」

常言道，人比人，氣死人。有分寸感的人是不會輕易拿自己去比較的。他們會明確表示自己拒絕比較，因為比較本身就是不公平的，拿自己的短處去跟別人的長處比，這顯然是不明智的。所以，冷靜下來好好思考，就會明白這樣的比較無非是庸人自擾。

還有一類人喜歡拿自己與別人比較。雖然很多人都是以激勵自己的名義，可真正能被鼓勵的又有多少呢？相反，倒是很容易受到打擊。事事與人比，結果卻發現事事不如人，最後喪失信心、自暴自棄，甚至導致焦慮、恐慌。

父母拿孩子比較容易產生親子矛盾，夫妻把另一半與他人比較，則會影響到婚姻生活的和諧發展。良好的親子關係與夫妻關係，一定不是透過比較來溝通的。誰都不希望自己是被貶低的那一方，即便是心智尚未成熟的孩子，同樣不喜歡被打擊。

Part4　看人就像看山，距離越遠越能看得全貌─
情商高的人，跳出框架才能看清真相

　　在婚姻生活裡，無論哪一方產生比較的心態，就是感情出現裂縫的前兆。因為結婚伊始，大家都是抱著一顆熱忱的心，想要建立屬於自己的美滿家庭，並且雙方都需要為此攜手努力。可是一旦有一方經常拿自己的另一半同別人比較，或者拿自己的婚姻同別人比較，那就與之前的婚姻誓言相違背了。

　　你千挑萬選地從茫茫人海中找到他，結果又各種嘲諷、貶低，這不僅對他人是一種傷害，也是在拿自己的人生開玩笑。

　　要知道，自己的日子是過給自己看的，不是過給別人看的。無論怎麼比較，別人的生活永遠是別人的。所以，想要家庭生活和睦友愛，就應學會拒絕比較。這樣不僅自己會感到輕鬆，同樣避免了給周圍的人帶去那些不必要的壓力。每個人從降臨到這個世界上開始，便以不同的身分沿著不同的人生軌跡前行。正如世界上沒有兩片相同的葉子一樣，人生也是各有各的精彩、各有各的苦難。沒有絕對的誰比誰好，更沒有絕對的誰比誰差。

　　我們所要做的無非是真正用心去感受、去生活。拒絕比較，也就是拒絕了負能量的產生，所謂有分寸地過人生，也就是如此了。

「刀子嘴」的人，一定不是「豆腐心」

「刀子嘴，豆腐心」，其實是人們武裝自己的一種形態。他們的內心是柔軟的，但外在表現卻是強硬的。在具體表現上，往往是帶有強而有力的肢體語言，而內心卻表現得十分柔弱。

「刀子嘴」和「豆腐心」經常被放在一起使用，主要用來指代一個人言語上非常尖銳鋒利，但是內心卻溫暖柔軟。這種「心口不一」的人在溝通互動中是十分常見的，但在溝通中，二者並非是始終形影不離的。

有的人是「刀子嘴，豆腐心」，有的人只有「刀子嘴」，有的人則只有「豆腐心」。

只擁有「刀子嘴」的人在溝通過程中是非常厲害的，但是這並不代表他們真的很善於溝通。只擁有「豆腐心」的人是善良的，但是在溝通表達上可能會稍顯欠缺。同時擁有「刀子嘴」和「豆腐心」的人雖然內心善良，但是在溝通表達中卻總會說出傷人的話，他們的「豆腐心」會被「刀子嘴」所掩蓋。

Part4　看人就像看山，距離越遠越能看得全貌—
　　　情商高的人，跳出框架才能看清真相

　　在這裡不去特別強調哪種類型更好，我們只從溝通的角度來分析一下「刀子嘴」和「豆腐心」的問題。在溝通過程中，保有「豆腐心」是件好事，因為只有真誠善良的人才能夠遇到同樣真誠善良的人。同樣在溝通過程中，「刀子嘴」則是多餘的東西，它會破壞人與人之間的情感，會割裂溝通聯繫的紐帶，讓溝通沒有辦法順利進行。

　　在溝通過程中，很多人不想變成「刀子嘴」，但是卻在不自覺中迷失方向，想要徹底解決這個問題，需要做好以下三點：

一、認識並了解自己

　　在溝通過程中，認識自己是解決問題的第一步。很多時候，在溝通中，我們不會去特別注意自己的言辭和表達，以至於在說出指責和傷害別人的話語的時候卻不自知。當這種表達方式養成習慣之後，想要改正就會比較困難了。

　　認識並了解自己的這種表達習慣是十分重要的。當我們在與他人溝通的過程中，有意識地觀察自己的口氣語態和肢體語言，進而確定自己是否真的有指責他人的溝通模式。我們可以在言語激烈的時候，去感受一下身體是否出現了緊繃的狀態，從而察覺內心是否出現了同樣的感受。

二、誠實面對自己的內心

在認識和了解自己之後,我們應該正視自己的指責型應對姿態。

「刀子嘴」的出現更多是為了掩飾我們內心的脆弱,想要改變「刀子嘴」,就要誠實面對自己的內心。在溝通過程中,向對方展示我們內心真實的感受,或許會有一定程度的風險導致被傷害,但是如果不這樣做,我們就沒有辦法找到問題的根源,也沒有辦法去改變現存的問題。

在溝通過程中,越是咄咄逼人的人,內心就越是脆弱。這些人不敢面對自己的內心,只能用激烈的反應來掩飾內心的不安。不能誠實面對自己內心的人,是沒有辦法從根本上做出改變的。

三、改變不合理的想法

正視了自己的內心之後,接下來首先要做的就是改變自己的習慣。

習慣的養成需要經歷漫長的時間,習慣的改變更需要付出長時間的努力。「刀子嘴」主要溝通過程中過於激烈的言詞,用字會出現過多相對極端的詞彙,從而讓對方感到不悅,影響溝通的順暢。

Part4　看人就像看山，距離越遠越能看得全貌──
情商高的人，跳出框架才能看清真相

很多人知道自己存在「刀子嘴」的問題，卻往往會用「豆腐心」去掩飾。這是一種錯誤的做法，雖說「豆腐心」很好，但「刀子嘴」卻是要不得的。惡語就像是一根根鋒利的尖刺，會直接透過對方的耳朵，刺入對方心中，從而導致難以彌補的傷害。

在溝通過程中，惡語相向不只很沒禮貌，還屬於暴力溝通。「刀子嘴」所損害的並不僅僅是一次溝通，它還會損害溝通雙方的情感，這種傷害往往是無法彌補的。

想要改變這個問題，首先要做的就是改變自己在溝通中的用字遣詞，盡量避免使用較為極端詞彙，並不把話說死，讓我們說出的話如豆腐一般柔軟，這樣對方才能更容易來接受。

第二個要改變的就是我們頭腦中的想法，言詞激烈的根源在於頭腦中的想法，一些不合規範或是極端的想法會造成言語暴力。相較於表達出來的言語，自己的想法是出現暴力溝通的根本因素，只有從思維上先改變，才能最終改變自己的語言表達。

多一點「豆腐心」，少一些「刀子嘴」，這樣溝通才能更加順利。

為你的拒絕加入一點「同意」

拒絕別人是件難事，也是一件傷感情的事。如何能夠在拒絕別人的同時，又不傷害雙方的感情，是每一個人都必須學會的技巧。拒絕別人是每個人都會經歷的事情，但是在處理上，每個人的做法卻各不相同。

在面對對方的請求時，有的人會尋找合適的理由予以拒絕，有的人會直截了當地加以拒絕，有的人則並不拒絕也不答應，想要採用拖延戰術讓對方自己放棄請求。拒絕的方法很多種，產生的效果也各不相同。

大多數人認為拒絕別人是件困難的事，那是因為我們在選擇拒絕的同時，內心會產生一種愧疚，如果這種內疚心理過於強烈，那我們便不會做出實質上的拒絕。這時，我們更多會選擇讓自己吃虧，答應對方的請求，從而緩解心中的內疚感覺。

當這種內疚的感覺並不強烈的時候，我們便不會委屈自己去答應對方的請求，從而會選擇拒絕對方的請求。當然，為了緩解心中的內疚感，我們會尋找一些比較合適的理由來

Part4　看人就像看山,距離越遠越能看得全貌—
　　　情商高的人,跳出框架才能看清真相

輔助自己完成拒絕行動。

拒絕別人之所以會讓我們產生內疚的感覺,那是因為拒絕往往伴隨著一種傷害。從表面上來看,拒絕別人的請求更像是用手推開他人一樣。

拒絕別人需要講求一定的方法,完美拒絕不僅不會傷害雙方的感情,還能同時讓雙方更加相互理解。

拒絕別人的方法因人而異,只要不採用直截了當的暴力方式,基本上都能達到拒絕的目的。當然,如果想要追求更加完美的拒絕效果,那還需要掌握下面這些具體的方法,根據不同的情境去結合應用才行。

一、想要拒絕,先要「同意」

這裡的「同意」並不能完全當作「拒絕」的反義詞,也就是說這裡的「同意」並不是100%的同意,而是10%甚至更少程度的同意。

當對方向我們提出請求時,從個人實際能力去考慮後,發現對方的請求我們沒有辦法完全實現,但也不是說一點忙也幫不上。這時我們便可以在拒絕之前,先說明同意自己能夠幫得上的部分。

二、不要給多餘的解釋

拒絕別人如果說得嚴重一些,就好像是給了對方一刀,畢竟對方是抱著能夠獲得幫助的心情提出請求的。而在拒絕之後額外的解釋,就好像又用鈍刀在對方的傷口上來回切割,不僅不能「止疼」,反而會讓對方更加難受。解釋很容易會引起對方有多餘的聯想,過多的解釋則更像是掩飾。

三、拒絕的時候給出點建議

拒絕別人只是表達出自己沒有幫助對方的能力,但並不是說拒絕之後我們就沒有什麼可做的了。在拒絕別人的同時,給出一定適當的建議,能夠減輕拒絕別人產生的不良影響。在這裡,要表達出「我沒有能力達成你的請求,但我會幫你一起想辦法」的意思。

四、不要「找理由」去拒絕

拒絕別人如果沒有一定的理由,就會顯得不那麼有底氣,但很多情況下就是沒有特定的理由。不想借給別人錢就是不想借,如果非要硬找個理由,反而容易讓對方產生誤會。每個人都有自己的原則,違反自己原則的事情,即使是最好的朋友請求也不能答應。

完全不找理由地拒絕別人確實太過不近人情,容易傷害

Part4 看人就像看山,距離越遠越能看得全貌──
情商高的人,跳出框架才能看清真相

對方的感情,所以這種直接拒絕對方的方式最好少用。以一個適當的理由拒絕對方,既能夠表達出自己的立場,也可以讓對方更容易接受。

《紅樓夢》裡的王熙鳳就是個情商很高的人,她拒絕劉姥姥要求的那一段,也被譽為所有「拒絕」中的範例。在劉姥姥剛來時,她給予了對方充分的尊重,這是「拒絕」中最重要的一步。

面對素未謀面的窮親戚劉姥姥,王熙鳳說道:「怎麼還不請進來?」在劉姥姥拜過之後,她又說道,「周姐姐,快攙起來,別拜罷,請坐。我年輕,不大認得,可也不知是什麼輩數,不敢稱呼。」

緊接著,她開始衡量雙方的利益關係,她詢問王夫人劉姥姥跟賈府之間的關係遠近,在得到對方與賈府無甚關係時,王熙鳳才開始聽對方的訴求,並且拒絕訴求。

就像前面提到的,王熙鳳對劉姥姥的訴求拒絕得很乾脆直接、客氣妥當,而且很有技巧。她說:「若論親戚之間,原該不等上門來就該有照應才是。但如今家內雜事太煩,太太漸上了年紀,一時想不到也是有的。況是我近來接著管些事,都不知道這些親戚們。」

為你的拒絕加入一點「同意」

這句話也就是說，劉姥姥跟賈府的關係並不近，我們沒有義務幫你。之後，她又說：「外頭看著雖是烈烈**轟轟**的，殊不知大有大的艱難去處，說與人也未必信罷。」這句話的意思是，我不幫你是因為我們賈府也有困難，沒辦法滿足你的要求。

然後最關鍵的來了，王熙鳳在拒絕的時候，加了一點點「同意」，也就是妥協退讓。其實，這時候的劉姥姥已經「沒什麼想頭了」，但是王熙鳳提出，可以給劉姥姥二十兩銀子，解燃眉之急。劉姥姥立刻大喜過望，甚至眉開眼笑。

對王熙鳳來說，這點錢就是九牛一毛，但是對劉姥姥來說，這筆錢無異於一筆鉅款。如此一來，雙方都得到了一個彼此滿意的結果。在面對對方的請求時，經常有自己沒有辦法完成的情況。在這個時候，我們就要勇敢地拒絕對方。關於拒絕的分寸之道，能提醒我們適時地在拒絕時加入一些「同意」，讓彼此都獲得滿足。

Part4　看人就像看山，距離越遠越能看得全貌——
情商高的人，跳出框架才能看清真相

拒絕溝通錯位，讓他知道「我理解你」

在與人溝通中，常會有錯誤解讀的狀況發生。錯誤解讀發生的原因有很多，其中主要的原因就是每個人有不同的情感表達方式和溝通習慣。

每個人的個性愛好、壓力來源、教育背景、人生經歷、生活態度、學識涵養、行事作風、交際情商、思維和感覺、價值觀、對個人和他人的期望、道德水準以及心理健康等因素，都會影響溝通中對他人觀點的理解。

這些因素使人在理解外在世界、解讀資訊時，會用自身獨特的認知篩網細細把資訊過濾一遍。

每個人聽見的資訊總是和自己想要得到的相符，並且對自己聽見的資訊解讀出和自己的預期相符合的意義。我們不會對那些指出自身錯誤的資訊有那麼高的敏感度，也不會主動去聽不喜歡的建議，更是很難去自我檢查有什麼地方與他人的觀點有衝突。通常都是以自己的感受為出發點出發去衡量整個對話，而不會以他人的感受作為標準。

拒絕溝通錯位,讓他知道「我理解你」

1990 年 1 月 25 日,一架班機在長島墜毀。事後,人們調查這次空難。在檢查了黑盒子的錄音時,發現飛機失事是因為汽油告罄。當時,副駕駛員還很冷靜地說:「我們的汽油就快用完了,我們需要優先權。」

然而,副駕駛員冷靜的語氣,加上他並未使用一些類似「十萬火急」和「油量已見底」等詞彙來表達狀況,這讓在機場指揮塔裡的指揮員們根本無從理解飛機當時是遇上了多大的危險。

可見,不同的人在溝通中,對話語的意思必然會產生不同的理解。詞語本身的意義就不是由它自身決定,使用者對於它如何理解才是最重要的。

要想把話說到位,就必須善於換位思考。所謂會說話的人,就是會換位思考,他們的話總是能讓對方接受,也是最容易接受。

就像《論語》中所說的那樣,「未見顏色而言,謂之瞽」,也就是說,當我們和他人交流的時候,要注意對方的神情臉色,否則就如同盲人沒什麼區別。所謂察言觀色就是在溝通的過程中,注意對方的神情,收集他們的情緒變化。你越是能夠了解對方的想法,你所說的話也就越到位。

Part4　看人就像看山，距離越遠越能看得全貌—
情商高的人，跳出框架才能看清真相

　　古有言「英雄所見略同」，當你表達自己的看法、觀點或經歷時，如果對方十分理解和認同，並表示自己也有過類似的過往，那麼兩個人在想法上就能相互激盪出火花，就像碰到多年沒見的好友那樣，越聊越投機，越聊越有共鳴。

　　從心理學上講，就是兩個人有一種相知相惜的心態。在這種心理作用之下，人際關係中就能找到對方的「共鳴點」，很容易就可以引起雙方的情感，彼此都覺得自己遇到了知音，覺得一見如故、相見恨晚。

　　詩人白居易曾說：「感人心者，莫先乎情。」最能打動人心的往往是那些最為真摯的情感。我們在日常的生活中，會發現能引發彼此間感情的話往往並不需要多少技巧，有時只要一個動作、一個眼神也能讓人心領神會。

　　因此，只要我們在與對方溝通時，聽懂彼此相契合的共鳴點，就能知道對方真正想要的是什麼，進而能與對方溝通得更為順暢。

　　很多時候，真正打動人的東西，並不需要多麼精美昂貴，更重要的是能直擊對方的內心。就像那句老話說的：「動之以情，曉之以理」，人們往往會因為感動而快速改變自己的看法。如果我們想要說服別人，也要明白這個道理，很多你認為理所應當的事情，別人不一定會有同樣的看法。但如果

你能影響對方的情感,讓彼此間產生共鳴,那麼很多困難也就會迎刃而解。

這個世界上,沒有誰能完全了解另一個人,這也是很多隔閡會出現的原因。

為了能讓對方更能明白你的心意,我們不妨嘗試著先從對方的話語中聽出彼此的共鳴點。就像物理學家伽利略(Galileo Galilei)一樣,他把自己的科學事業比喻成父親的愛情,這樣一來,父親很快就體會到了伽利略的感受,再也不勉強兒子做自己不喜歡的工作了。

想要善於抓住他人共鳴點,就要從以下幾點入手:

第一,學會換位思考,世界上的每個人都不同,誰也不能完全地了解另一個人。但每個人又有很多相同的地方,如經歷、理想、興趣、愛好等。情商高的人往往能從交談中,聽出彼此的共同點。同時在溝通的時候,與其交流碰撞,讓對方產生共鳴。

第二,如果你想說服別人,不妨找到彼此的共鳴點,這樣往往能有意料之外的效果。就像伽利略的方法一樣,雖然父親不能理解自己,但是伽利略抓住了共通之處,讓父親體會到了不能鑽研科學的感受,這樣很快就說服了父親。

無法說服別人,在某種程度上來說,是因為對方無法同

Part4　看人就像看山,距離越遠越能看得全貌—
　　　　情商高的人,跳出框架才能看清真相

　　理你的感受。只要找到彼此的共通點,這樣對方很快就能感同身受,進而理解你的想法。

　　在我們與人來往時,經常會因溝通錯位,導致話說不到對方心坎裡,也得不到我們想要結果。真正高情商的人,都會將話說得極有分寸,既不過火諂媚,也不平淡敷衍。

　　分寸感就是如此,只要讓他知道「我能理解你」,也就足夠了。

Part5
畫龍點睛的指點,
不要畫蛇添足的指指點點 ——
最有價值的幫助絕不是品頭論足

Part5　畫龍點睛的指點，不要畫蛇添足的指指點點—
最有價值的幫助絕不是品頭論足

好心辦壞事，
因為你的「好心」不一定是對方想要的

在當今這個社會中，情商的重要性越來越受到人們重視。美國著名心理學家丹尼爾・高曼（Danicl Goleman）在其所著的暢銷書中這樣寫道：「情商是決定人生成功與否的關鍵，一個人是否取得成功，只有20％由智商決定，而剩下的80％則是情商的作用。」

人們普遍認為，所謂情商高就是會說話。我們經常會看到電視上，那些著名的主持人在節目中，才思敏捷、口齒清晰，巧妙地引導節目的走向，讓很多人艷羨不已。

無疑，會說話是一種高情商的重要表現，在人生的不同階段，我們要扮演不同的角色，也要面臨不同的說話對象；出色的說話技巧，不僅能讓生活更順利，也能體現出為人處世的智慧。

就像著名作家朱自清曾說：「人生不外言動，除了動就只有言，所謂人情世故，一半是在說話裡。」掌握了情商的藝術，那麼你就能洞察大半人情世故和人生至理。

好心辦壞事，因為你的「好心」不一定是對方想要的

在某綜藝節目中，藝人毛不易對主持人的安慰，大大展現了自己的高情商。當時，主持人對毛不易的參與表示感謝，看著年輕的毛不易，主持人有些感嘆，說這趟旅行對快要邁入四十歲的自己很有啟發。年齡一直是女性的敏感話題，對於演藝圈的女藝人更是如此，可是毛不易卻暖心地安慰道：「四十歲還很年輕，不用考慮這麼多，四十歲就是新的二十歲。」這句話讓主持人十分開心，現場的氣氛也很歡快融洽。

毛不易的情商確實很高，一句話就讓主持人重新開心起來，這種「好心」確實讓人們很是受用。但是生活中，也不乏一些情商低的人，明明是好心，卻不小心辦了「壞事」。

為什麼會出現「好心辦壞事」的情況呢？因為我們的目的是想幫助對方，這是好心；但是別人的想法與我們的不同步，提供的幫助不是對方想要的，結果越幫越忙，這叫辦壞事。那麼，我們應該如何避免好心辦壞事呢？很簡單，只要堅持三個原則即可：

一、站在對方的角度思考問題

在幫助別人前，先想想別人這樣子幫自己的忙，自己會不會感激。如果自己不會感激，反而還會困擾，那就打消這個「好心」的理由。

Part5　畫龍點睛的指點，不要畫蛇添足的指指點點—
　　　最有價值的幫助絕不是品頭論足

二、尊重別人的觀點和隱私

對於隱私或敏感的問題，如果對方沒有特別找我們尋求幫助，我們不要主動幫別人解決問題，這樣只會讓對方感到困擾。

三、不要幫別人做決定

對於會影響到對方的行為，我們要提前先和對方打好招呼，在獲得對方允准的情況下再提供幫助。

在幫助對方前，我們一定要確定自己了解對方的觀點、喜好與做法，這樣才能讓自己的幫助有分寸，不會弄巧成拙。也避免自己明明是好心，最後卻辦壞了事的窘況。

情商高的人，
懂得說讓人信服的話

　　高情商的人所說的話往往會受到更多關注，這是因為他們更容易讓人信服。想要說出讓人信服的話，雖然要依據客觀事實，但更重要的是真誠。

　　想要說出讓人信服的話，不僅要用事實說話，更要用真誠說話，同時也要用理智和良心說話。一個人所說的話是由心而生、發自肺腑的，他就會得到支持和讚揚。如果只是隨口說說、毫無誠意，自然也不會有人會相信。

　　高情商的有一個重要表現，就是說出的話能夠讓人信服。言語從根本上來說，就是內心想法情感的真實表達。一個人內心如何，是否有自己的小心思、小主意，都會在言談中表現出來。因此，想要讓別人信服，引發他人情感上的共鳴，就要先確保自己的內心足夠真誠。

　　藝人韓紅經常組織醫療專家和各界愛心人士組成愛心志工隊，某次，她帶著醫療團隊前往西藏義診，不少網友批評她是在作秀。為此韓紅沒有辯解，只講述了自己的親身感受。

Part5　畫龍點睛的指點，不要畫蛇添足的指指點點—
　　　最有價值的幫助絕不是品頭論足

　　她說：「沒在西藏生活過的人，又如何能知道我的感受呢？西藏地區的白內障患者非常多，尤其是老人和小孩，剛生下來才七八歲就開始出現白內障症狀。當地交通不便，我率團過去就是為了要送醫上門，未來甚至希望能在當地建立一所高水準的醫院，提供義診和免費的手術。」

　　韓紅的話語得到了人們的理解，質疑之聲也逐漸被淹沒。許多網友不僅對她表示支持，還有不少人加入到醫療團隊中。

　　韓紅的情商很高，面對質疑時，她沒有選擇與質疑之聲針鋒相對，而是談起了在西藏的親身經歷，以及組織醫療團隊的初衷。從韓紅的話語中可以看出，她是真切感受到了西藏地區醫療設施不足對人們生活的影響。

　　她本可以選擇捐一筆錢，不需要親自跑到當地去。但是作為公眾人物，她知道自己的一言一行具有一定的號召力，因此，她決定身體力行，組織志願團隊。這樣才會有更多的人投入愛心，而她面對質疑的發聲，更讓人們相信了她的真心。

　　雖然說話技巧、說話之道，這些抽象的方法能夠對溝通有的效果。但是從根本上來講，人與人之間的往來還是應該落到真誠之上。無論使用何種技巧，如果內心不真誠，話語言不由衷，溝通也是毫無意義的。

情商高的人，懂得說讓人信服的話

《漢武帝內傳》中記有「至念道臻，寂感真誠」。意思是說，人與人之間的來往，只有真誠相待，才能夠感動對方，贏得對方的信任。只有真誠的言辭，才能夠引發他人的共鳴，取得他人的信任。那些盲目認為有好口才就能左右逢源的人，不僅不會獲得信任，還可能會引起反感。

有時，真誠的言語要遠勝過滔滔不絕的雄辯，更勝於虛偽的奉承。莎士比亞曾說：「質樸卻比巧妙的言辭更能打動我的心。」在與人來往的過程中，真誠的言語不僅能夠使人信服，更能為自己帶來不可估量的收益。

曾經有位室內裝潢的設師傅，他裝潢過的客戶很少會有投訴或抱怨，在他的家中，甚至掛滿了客戶送來的致謝錦旗。

一次，一位客戶在裝潢時提出要修改設計的方案。客戶想要在原來裝潢方案的基礎上，增加一面餐廳背景牆。仔細聽完客戶的描述之後，這位師傅對客戶說道：「我是做裝潢的，你要是加裝東西的話，我肯定是可以賺錢。但是你這個房子，客廳已經有了電視牆，如果再在相連的餐廳做一面背景牆的話，就會顯得很多餘。一個屋子有一處亮點比較合理，亮點做多了，不僅浪費錢，效果也並不好。您可以自己再考慮考慮，然後再下決定。」

Part5　畫龍點睛的指點，不要畫蛇添足的指指點點—
　　　最有價值的幫助絕不是品頭論足

　　客戶覺得他說得很有道理，便聽從了意見。此後，這位業主逢人就說他「為人實誠」。憑藉著一份真誠，這位師傅的預約常常會排到第二年，他常說：「無論做人做事，都必須憑良心，對得起自己，對得起客戶。」

　　正是因為真誠，這位室內裝潢的師傅才能讓客戶信服。做生意利益優先並沒有錯，但是缺少了真誠、喪失了良心，再好的生意也會逐漸沒落。言語可以表露出真心，內心多了幾分真誠，話語自然也更容易讓人信服。

　　當然，想要說出讓他人信服的話，僅僅依靠內心的真誠是不夠的。在溝通過程中，還需要注意以下一些「眉角」：

● 要注意說話的立場。

　　在特定的立場上，說出特定的話才能夠讓人信服。假如你是一位基層公務員，說話時就不能太過隨意，同時也不能太端架子。假如你是一名醫生，就要按照醫生的口氣，講述事實的同時，還需要盡量照顧病患的感受。

　　找出立場後，就要在特定的立場上說出特定的話。如果連立場都找錯，就很難讓人信服。一名醫生與一位教師談論教育問題，可能醫生的觀點和想法並沒有錯，但從立場是否正確來說，教師的話會更容易讓人信服。

情商高的人，懂得說讓人信服的話

● 要注意說話的資格。

　　每個人都有說話的資格，但每個人說什麼話的資格可能會受到一定限制。上面提到的醫生和教師的例子是立場問題，而不是資格問題。關於說話的資格問題，舉例來說，遊說其他人購買股票，說客是一位股市專家，浸淫股市數十年，經常盈利，那說這種話是有資格的。但如果一個人才接觸股票半個月，帳面始終處於虧損狀態，那他就沒有資格遊說別人購買股票。

　　沒有說話的資格，即使說了話，也沒辦法讓人信服，這樣的話說了還不如不說。說話的資格是要靠自己去爭取的，股市新手在股票市場雖然沒什麼說話的資格，但經過長久努力後，他也會獲得說話的資格。

● 要注意說話的態度。

　　相較於說話的內容，我們說話時的態度更為重要。人與人之間，不僅是依靠話語的內容在溝通，同時也是依靠情緒在溝通，合理的情緒要比合理的內容更加重要。

　　想要話語讓別人信服，除了要保證內容的真實外，還需要在溝通中傳達出正確的態度和情緒。這樣才能將聽眾帶入情境中，讓聽眾一點一點地接受我們的觀點。

Part5　畫龍點睛的指點，不要畫蛇添足的指指點點—
　　　最有價值的幫助絕不是品頭論足

　　高情商的人在說話之前會先思考，低情商的人說話往往不經大腦。雖然二者同樣真誠，但只因為少了一些思考，話語的可信程度就會有所不同。想要多說讓人信服的話，就需要在說話之前，先去思考清楚上面提到的三個「眉角」，在掌握了這些「眉角」之後，再去表達。

不要把施恩變施捨

在人與人的來往過程中,我們總是遵循著一種規則。這種規則會在無形中指導我們,提醒我們什麼話該說,什麼話不該說;什麼話要直白地說,什麼話要委婉地說。這個規則,就是所謂的「分寸感」。

分寸感,是要建立在尊重對方,且不傷害自己的基礎上的。因為我尊重你,所以我的話不會傷害到你;因為我有在為你著想,所以我會替你解圍,不讓你尷尬窘迫。

當然,並非所有人都能拿捏好分寸。就好像有些話我們必須要說,但又不知道如何去說。有人覺得,自己的善良很「生硬」,甚至會給對方帶來困擾。這種善良失度的原因,就是對分寸感掌握得不好。對人出言不遜、口出狂言、揭人短處和說人壞話是失度,卻不知道善良的話有時也會失度。

因此,如何把話說得漂亮,說得有分寸感,就成了人人追求的說話藝術。

近些年,一些藝人隨著真人實境秀的綜藝節目,私底下的個性特點也透過螢幕展現在觀眾面前。在眾多藝人中,何

Part5　畫龍點睛的指點，不要畫蛇添足的指指點點—
　　　最有價值的幫助絕不是品頭論足

炅無疑是情商很高的一位。之所以說何炅情商高，是因為他懂得將自己的善意調節到恰如其分的程度。

這種程度是施恩而非施捨，是圓融而非圓滑。可能很多人不明白施恩與施捨的區別，但或多或少都接受過別人的善意。

何炅與藝人謝娜與黃磊是多年好友，謝娜和黃磊更是曾經的師生。在舞臺劇表演工作坊中，謝娜因為性格直率，跟大家調侃黃磊在上課時，常常把學生訓哭的事情，就連自己也曾哭過幾次。雖然這樣的調侃在當事人看來並無不妥，但是網友們紛紛指責這對師生；有的說黃磊耍大牌，有的說謝娜口無遮攔。而當時一起上節目的來賓們出於禮貌，只默默地看著二人吐槽，卻不知該如何化解。

正在尷尬之際，何炅卻溫和地說道：「其實黃老師不是嚴厲，這是對學生的一種負責。」這句話一說，形象一下子就被塑造起來，網友也停止了攻擊。

在幫黃磊解了圍後，他又很溫和地說道，謝娜其實是個淚點很低的女生，她之所以容易流淚，是因為她容易動情，容易感動。這話說得很溫婉，也很巧妙。大家不僅理解了流淚的原因，也看到了謝娜活潑背後的感性一面。

不要把施恩變施捨

雖然何炅將分寸感拿捏得恰到好處,但事實上,施捨與施恩之間的度是很難拿捏的。

在另一綜藝節目中,藝人陳赫作為來賓參與節目錄製。但在大家忙碌工作時,陳赫時不時會說「我腰不好」或「我對紫外線過敏」,結果就是很少在做事。

何炅預感到節目播出後,他肯定會因為「偷懶」而被網友抨擊,於是對陳赫說道:「昨天錄到幾點,要不要先去睡一覺?」

這句話看似是隨口詢問,但實際上卻透露出兩條資訊:第一,陳赫是因為工作太忙,昨天睡得太晚,所以錄製節目時看上去有些懶散。第二,我並沒有為陳赫刻意辯駁,我只是提供了一個大家不知道的事實。

試想,當何炅看到陳赫不做事時,如果刻意地說:「陳赫不是不做,他是因為昨天工作得太晚了,所以我們才替他做的。大家要體諒他,我不怪他,希望大家也都不要怪他。」那大家就會覺得,何炅太好了,陳赫太過分了。這時候,何炅的施恩也就變了味道,成了一種施捨。

說話的分寸感,不僅體現了一個人的情商,更體現了一個人的修養。

Part5　畫龍點睛的指點，不要畫蛇添足的指指點點—
　　　最有價值的幫助絕不是品頭論足

　　就像開車送不太熟的朋友回家，與其跟對方說「你不用不好意思，反正我有車也方便。」倒不如說「我恰好去那邊辦點事，順路。」哪一種聽起來會更讓人舒服呢？當然是後者。

　　可我們明明知道話要這麼說才好聽，但是在批評孩子時、在跟男女朋友吵架時，卻又會把氣氛弄得很糟，造成盎盂相擊的局面，為什麼呢？就是因為我們對分寸感拿捏得不夠好。

　　根據對方的接受程度，將想說的話委婉地表達出來，這就是分寸感的掌握。

　　而施恩與施捨間的分寸，則是看你說話的目的，究竟是為了替對方解圍，還是單純為了顯擺自己。所以，在開口之前我們一定要想清楚，自己想取得的效果是什麼。

　　如果對施恩和施捨的概念還是很模糊，那我們不妨在與人來往時，遵循以下三個原則：

一、在為對方解圍的前提下說

　　盡量避免突顯自己，話語中要強調對方是主角。比如好朋友被勸酒，如果說「我替他喝」，那你就成了這句話的主角；如果說「他是開車來的」，那對方就是這句話的主角，大家也會理解他不喝酒的原因。

二、不要因為對方身分不同，就不顧及對方的感受

比如地位高的人對地位稍低的人說話時，如果說「你賺得太少了，我給你多發點錢吧。」不如說「我這次多給你發一點獎金，是因為你有潛力。多努力，你的能力不止於此。」

三、根據對方的個性特質，具體說出解圍的話語

如果我們借錢給自尊心較強的人，與其說「不著急還，我不差這點錢」，不如說「別拒絕，如果我有需要，你肯定也會幫助我不是嗎」；如果替嘴硬心軟的人解圍，與其跟別人說「看在我的面子上，你別跟他一般計較」，不如說「他是刀子嘴豆腐心，上次跟人家鬧彆扭，他私下裡難受了好幾天」。

可見，施恩與施捨的區別，就差在對分寸感拿捏的程度上。如果只顧著自己暢快而忽略了對方的感受，那就和當初為其解圍的初衷相背離，甚至還會無意間傷害彼此感情。

分寸感是懂得洞察細節、懂得疏導情緒的藝術，做人可以不聰明，但是不能沒有分寸感。只有拿捏好分寸感，才能幫助我們在與人來往時事半功倍。

Part5　畫龍點睛的指點，不要畫蛇添足的指指點點—
　　　最有價值的幫助絕不是品頭論足

別人的評價，
隨便聽一聽就好了

如果太在意別人的想法，就會失去自我，同時也會失去其他人的關注。

在生活中，有很多人太過在意別人的看法，讓自己活得很敏感。其實，只要換位思考就會發現，很多事情在別人生活中只是一個小插曲，他們可能在哈哈一笑之後，就將事情忘得一乾二淨了。最後緊抓著這件事情不放的，只有敏感的當事人自己而已。

一個人太過敏感，就會很在乎別人的看法和評價。這是並不健康的心理狀態，有些人將在乎別人的看法當作是關心他人、顧全大局的表現，這更是錯誤的想法。每個人都是在為自己而活，如果太過在乎別人的看法，就會活成別人的樣子。

太過在乎別人的看法，會為自己帶來很多不利影響。太過在乎別人看法的人，不管做什麼事，都會顯得畏首畏尾。他們害怕自己完成不了、做不好手頭上的事情，但這只是他們思慮得太多。

別人的評價，隨便聽一聽就好了

畏首畏尾地辦事也會讓別人留下不好的印象，更會讓心情變得憂鬱，結果大大影響工作效率。如果一直關注別人的看法，會使得自己不論在做什麼事情前，都會先去尋求別人的看法。這樣不僅會壓抑自己的想法，還會錯失很多寶貴機會。如果什麼事情都需要他人來做決定，那我們又和機器人有什麼區別呢？

太過在乎別人的看法，也會浪費自己的寶貴時間。一些敏感的人會在出門前，三番五次地打扮自己，不斷自問「我這樣可以嗎？別人會怎麼說我呢？」這樣不僅會浪費很多時間，也會慢慢失去自己的個性。

太過在乎別人的看法，很難能有所作為。這雖不是絕對的論斷，但在相當程度上卻是肯定的。時常關注別人的看法，就會為人生設定許多條條框框，在這些框架中生活，怎能有所突破？太過在乎別人看法，很難有時間去思考對自己真正重要的事情，更不會有時間去更深層次地發掘潛能。

從上述中可以看出，太過在乎別人的看法和評價並不是一件好事，這種做法會成為我們前進路上的絆腳石。因此，想要繼續前行、走向成功，我們就應該盡快掃除這個障礙。要做到這一點就要清楚地知道，我們的人生是為自己而活的，我們所做的事情是為了自己而做的。也許有人會認為這

Part5　畫龍點睛的指點，不要畫蛇添足的指指點點—
　　　最有價值的幫助絕不是品頭論足

是自我主義至上的人生觀，但請仔細想一想，無論我們做事的目標是什麼，最後受益或受損的對象都是我們自己。這一點是毫無爭議的。

即使我們要將人生奉獻給偉大的公益事業，一個最基本的起點也是做好自己。擁有了自我，才能去改變和影響別人，所以從這一個角度來看，太過在乎別人的看法和評價是沒有意義的。

當然，完全不在乎別人也不行，個體只有在集體中才能更好地發揮作用。這就要求我們有選擇地在乎，父母至親的忠告自然要在乎，師長朋友的評價也需要在乎，真正愛我們的人的想法都應該在乎。

但這種在乎是有限度、有選擇的，其限度就是保有自我決斷的能力，其選擇就是接受正確有益的忠告。

任何人都會有迷茫和困惑的時候，遇到自己解決不了的問題，尋求他人幫助是很好的方法。但尋求幫助並不意味著放棄自我，在人生的舞臺上，重點永遠都是自己，不要將他人的價值標準放在自己身上，更不要讓他人的想法左右自己的選擇。

其實，大多數人並不會在意我們，每個人都有自己的事情要做，根本沒有時間將注意力全放在他人身上。只有我們

自己會一天 24 小時關注自己,也只有我們自己能夠決定自己的未來。

別太在乎別人的看法,那真的不重要。與其活在別人的評價裡,不如活在自己創造的世界裡。不要輕信別人的奉承,也不要在意別人的惡語,自己才是自我的主宰。

Part5　畫龍點睛的指點，不要畫蛇添足的指指點點—
　　　最有價值的幫助絕不是品頭論足

「人精」可以做，「麻煩精」就免了

當我們遇到情商很高的人時，都會忍不住說一句「人精」。「人精」可以看作是讚美，但是「麻煩精」就不一樣了。在生活中，總有些人喜歡對別人的事情插一手，或者透過貶低對方，來讓自己獲取短暫的優越感。

很多人都覺得，在貶低別人時，自己會瞬間感覺良好。殊不知，貶低別人是把雙刃劍，不僅傷害了對方，也傷害了自己。從心理學上看，貶低別人無非是想在心裡定義與比較，認定自己就是比對方還要強。在此基礎上，喜好貶低別人的人認為，強者從人格上羞辱弱者是理所應當的。但問題是，那些貶低別人的「強者」，有時也會隨人際往來的變化而成為他們所謂的弱者。

某主持人因其沒底線的「毒舌」，遭到網友們的厭棄。在節目上經常口出惡言，比如「『吃大蒜的』與『喝咖啡的』怎能相提並論」的言論，甚至多次試圖挑起南北方網友的論戰，而遭到強烈抵制。

在習慣貶低他人的人心裡，只存在「強者」和「弱者」兩

種標籤，他們沒有「別人很優秀，但我也很不錯」的概念，所以他們無法維持長久自信。

久而久之，這種習慣就內化成無意識的衝突，即我很了不起，但我又很無能。外化到人際關係中，就是既貶損他人，又貶低自己。

當然，這類人是社交中最不受歡迎的人。因為沒人願意把自己的寶貴時間，一遍又一遍地消耗在無效的人際往來上。喜歡貶低別人的人，歸結起來，就是自卑又怨天尤人，還好高騖遠。。

舉個例子，如果我們使用長輩對晚輩說話的口氣來斥責與自己同年齡的人，這本來就很失分寸。何況，諸如「吃飯的時候說話」、「洗澡的時候唱歌」等個人習慣，我們又憑什麼去苛責別人呢？使用這種貶低和攻擊性強的口吻說話，在人際往來中根本是百害而無一利。

關鍵是，這類人在貶損對方之後，不僅不能及時地表示歉意，反而認為自己貶低別人是「為對方好」。我們身邊一定有這樣的人，他們在貶低對方後，總喜歡用「無意識」和「沒那個意思」來當藉口。因為他們不認為自己是錯的，所以也不會改正。

雖然有些人覺得自己的言行是出自「無意識」的狀態，但

Part5　畫龍點睛的指點，不要畫蛇添足的指指點點—
　　　最有價值的幫助絕不是品頭論足

對方的感受卻是真切的。就像精神病患者對人產生傷害，雖然不算違法，但是遭受到傷害的人並不是不會痛。所以，不要把自己的「無意識」，正當化成為傷害彼此的利器。

在生活中，我們經常會遇到各種打擊，有時候也會遭到別人的譏諷甚至辱罵。那麼，當我們面對這些攻擊時，如何回擊才是明智的做法呢？其實，無論是惡語回擊，還是逃避退縮，都不是聰明的做法。此時此刻，我們應該學會冷靜下來，讓自己心平氣和，之後再理性耐心地考慮這件事的做法。

當然，我們還可以使用自嘲的方式，這樣很快就會從不悅中解脫出來。但是在此之後，我們要更加看清自己，意識到自己的不足，把曾經的屈辱變成砥礪自己前行的東西，最終掌握主動，走向成功。

英國首相溫斯頓・邱吉爾（Winston Churchill）在和一位女政敵辯論的時候，突然，這位女政客用手指著邱吉爾說道：「如果我是你的妻子，我一定會在你的咖啡裡下毒！」

這無疑是一句惡毒的話，而且充滿了仇恨的挑釁。但是邱吉爾不以為然，反而微笑著說道：「夫人請放心，如果我是您的丈夫，我一定會立刻將它一飲而盡，一滴不剩。」

由此我們不難看出，邱吉爾確實是位情商很高的政客，在面對別人的攻擊時，他懂得保持冷靜，並迅速思考出如何

用巧妙的言語回擊對方。

在社會中，人與人之間難免會有摩擦，有時候甚至很難分得清誰是誰非。面對別人的批評指責，甚至是惡語中傷，要學會冷靜應對。很多攻擊和非議不過是無聊之人的無中生有，如果你因此而懷恨在心，甚至勃然大怒，那樣受傷的只會是你自己，同時也會讓對方得逞。

在人際關係中，我們無非愛聽兩種話：一種是逆耳忠言，話說得很直，甚至說得有些難聽，卻對我們大有裨益；另一種是甜言蜜語，在不是口蜜腹劍的情況下，即便對方說的話毫無營養，但是也能使我們身心愉悅，增添自信。

貶損他人的人，恰好吸取了這兩種的負面元素：既沒有營養，又很難聽。至於貶低他人的情況可能有以下四種：

一、是你過於敏感

有時候，家人朋友「貶低」你的出發點，其實是為了讓你能好好地提升自己。他們指責你的內容對你很有好處，只是方式錯誤，被你誤解成了貶低。

二、極須優越感

這類人可能很沒自信，一直處在自卑當中，當看到一個更加落魄的人，就想狠狠地折磨對方一番，把這種「無力感」

Part5　畫龍點睛的指點，不要畫蛇添足的指指點點—
　　　最有價值的幫助絕不是品頭論足

匱乏從對方身上補充回來。對於這樣的人，你可以選擇無視他。他貶低你，無非是想向你求得一點恩惠，你幫他提升了優越感，就相當於幫他發洩了一下累積已久的情緒。

三、隨口一說，沒有針對性

這類人只是習慣了對別人指手畫腳、指指點點，很多時候，他們都不了解自己在議論指點的人。對於這種人，基本可以把他們當作空氣，忽視即可。

四、朋友間互相「鬥嘴」

如果不觸及各自的底線，跟著「說笑」兩句或笑一笑即可，不用想太多。

綜上所述，對於身邊那些喜歡貶損他人的「朋友」，我們還是及時止損為好。及時斷開與他們的來往，因為與之為伍毫無益處，只會給自己徒添負能量。此外，我們在人際關係中也不要為了抬高自己，而採取貶低他人的手段。

畢竟人生苦短，我們沒有義務把時間浪費在不好的情緒上，也沒有權利把負面情緒散播給他人。所以，掌握好與人交流的分寸，不要成為別人口中的「麻煩精」。

Part6
你的善良要有底線,
你的真誠要講究分寸 ──
溫暖他人的人,
也不會讓自己的人生著涼

Part6　你的善良要有底線，你的真誠要講究分寸──
　　　　溫暖他人的人，也不會讓自己的人生著涼

要當「大眾情人」，更要交往有度

　　生活中，人人都想做個受人追捧的「大眾情人」，但事實上，我們在往這個方向努力時，卻過於注重滿足別人的需求，而忽略了交往要有度。

　　情商高的人，似乎都有很強的同理心，他們懂得換位思考。換位思考是一個社會學名稱，意思是站在對方的立場上體驗和思考問題。這既是一種對於人性的理解，也是一種人本關懷。

　　孔子曾說：「己所不欲，勿施於人。」這句話簡單通俗來講，就是自己做不到的事情也不要強加給別人。確實，有同理心是十分必要的。

　　可見，先哲聖賢很早就對換位思考做出了警世之言。告誡人們要以對待自身的行為來當參照物，將心比心，寬厚容忍。同樣，換位思考會讓你與對方處於同樣的人性標準，如此便提供了一個寬容、理解他人的前提。只有學會站在他人的角度看問題，體會對方的難處與想法，才能達到更好的溝通效果。

要當「大眾情人」，更要交往有度

　　換位思考還能幫助我們打破溝通僵局。在人際來往中，每個人都是獨立的個體，在面臨同一件事的出發點，基本都是以自身利益的最大化為前提。然而，各種利益衝突無時無刻不在發生。當自身利益受到損害時，人們出於本能來保護己方，抵抗對方，矛盾也由此產生，所求之事亦隨之陷入僵局。

　　當上述情況發生時，如若雙方都互不相讓，一味站在己方角度考慮，那麼結果只會越來越糟，甚至是「兩敗俱傷」。至少需要有一方懂得換位思考，善於從對方立場出發，理解他人的難處，才能更容易找到解決問題的突破口，進而使事情向好的方向發展，最終達成雙贏。

　　換位思考不只是去簡單地猜測對方的想法，而是能夠真正發自內心地去考慮他人的實際需求。再從對方的實際需求出發，進一步找到相對應的合理解決途徑。

　　能夠換位思考的人，是有大局觀的人。這樣的人經常站在多角度來觀察、思考周圍的一切。他們從自我的小世界裡跳出來，用更強大的內心去感受更廣闊的天地。漸漸地他們的眼界會拓寬，思維會更加活躍，領悟力會更高，進而能夠熟練且輕而易舉地找到待人處事的最佳方式。

　　可是，比同理心更重要的卻是交往有度。萬物都是均衡的，如果你過於替人著想，就勢必損害自己的利益。

Part6　你的善良要有底線，你的真誠要講究分寸——
　　　　溫暖他人的人，也不會讓自己的人生著涼

　　我們要面對各式各樣的人，會與各種性格的人成為朋友，而且由於價值觀的不同，我們與這些朋友的親疏遠近程度也各不相同。這就導致了我們在與他人相處的過程中需要選擇恰當的相處模式，切不可「一視同仁」，要懂得交往有度。

　　古語有言：「秀才遇到兵，有理說不清。」說的是文人與武夫在溝通上難以達成一致。所以如果秀才想要圓滿解決自己的事情，當然就不應該再用文人的那套高談闊論，那樣不僅讓對方理解不到真實意圖，更有可能加深誤會，激化矛盾。只有選擇適度的溝通方式，才有可能達到預期效果。

　　人與人能夠相處得和樂融洽是一門很高深的學問。因為每個人都是獨立的個體，所以思維出發點與利益著重點都不相同，而最舒服、最喜歡的相處模式也都不相同。

　　與人交往，要講究一個分寸，有時可能需要你後退一步，有時則要點到即止，有時又需要你再前進一步。只有拿捏好分寸，才能保證彼此之間的關係能夠長期和睦、穩定地發展下去。

　　德國哲學家阿圖爾・叔本華（Arthur Schopenhauer）的書中有一個著名的「豪豬理論」，講的是在一個寒冷的冬日，一群豪豬為了取暖相擁在一起，可牠們卻被彼此的硬刺給扎痛，於是只能被迫分開。但是為了取暖，牠們不得不再次靠

近,身上的硬刺又再次把牠們扎痛。如此反覆折磨,直到最後牠們終於找到了一段恰好的距離——相互交錯著相擁,這樣既可以互相取暖,又不至於扎傷彼此。

現實是,在人們或主動或被動地參與到人際往來的互動中時,難免會遇到難以忍受之人,然而由於某些原因,甚至是不可抗力,人們又不得不聚在一起,從而形成人際關係網。既然逃避不了這種必要的接觸,那就只能去尋找最佳的模式,保持一定距離,即便不夠完美,卻也不至於給雙方造成致命損失。

懂得交往有分寸是為人處世成熟的表現。當然,想要掌握好這個分寸,的確需要一定的經驗與技巧。

在當今社會,根據所交之人分類親疏遠近,不同類型的朋友需要不同的相處模式。中國自古便有很多關於朋友的成語,比如感情不深的朋友可以用「點頭之交」、「泛泛之交」、「一面之交」等詞語來形容,感情比較深厚的摯友可以用「肺腑之交」、「生死之交」、「膠漆之交」等詞來形容,志同道合的朋友可以用「金蘭之交」、「忘年之交」、「莫逆之交」等詞語來形容。

同時,人際往來可謂是一個循序漸進的過程。舉例來說,當一個人剛剛進入大學的時候,所有的師生對他來說都是陌生人。經過一段時間相處,大部分會和他成為「點頭之

Part6　你的善良要有底線，你的真誠要講究分寸——
溫暖他人的人，也不會讓自己的人生著涼

交」，再然後經過更深層次的溝通與了解，小部分會成為與他無話不談的「姊妹淘」、「好兄弟」。而在此過程中，面對不同的人，他與之來往的親疏程度亦有所不同。

面對陌生人時，要有禮有節。這類人可以是你第一次見面的人，或者是你極少與之見面的人。與此類人相處時，通常只是事務相關的事情，一般不太需要你投入大量時間、精力。就像你在外送平臺點了份麻辣燙，外送員準時送達，你最多也只是對他說聲「謝謝」而已，絕不會讓他進家裡坐下，陪你像老朋友那樣聊天。面對普通朋友則要互相尊重，真誠相待。這裡所說的普通朋友是一個比較廣泛的概念，它包括同事、生意夥伴、生活圈所有的朋友（家長群、「背包客」群、健身群等），也就是能夠分享一些基本資訊，有一定互動，卻幾乎不會談論到涉及自身私密內容的朋友。

與此類人交往，不必事事遷就，也不可太以自我為中心。說話點到為止，最好從客觀事實出發，切不可過分發表主觀見解，以免產生不必要的口舌之爭。

同事是人們除了家人之外接觸最多的群體，也是最容易產生矛盾糾紛的群體。如果掌握不好與同事之間的相處之道，不僅影響職場生活，也會為職業生涯帶來不利因素。

面對摯友會更加親密，但是也要有所克制。一般雙方達

要當「大眾情人」，更要交往有度

到摯友的層面即是彼此志同道合，互相了解得更加深入、信任度更強、尊重度更高、聯繫度更緊密。此時的你們會變得更加坦誠，會開始分享一些祕密來紓解內心的種種壓抑，彼此安慰的同時會守護這些祕密不為外人知道。

摯友間說話的方式會更加隨意，有時甚至會有些「口無遮攔」，但是只要不超過既定的「紅線」，便不會對彼此的關係產生負面影響。可即便如此，摯友間交往也還是要保持一定的度，再親密無間的朋友，關係處理不當也有可能反目成仇。面對家人則不能過分放縱情感。家人，即血緣至親或法律至親，他們往往是你最堅強而有力的後盾，是你最安心的避風港，是可以最大限度容忍你所有缺點的人，也是最容易發現你真實面目的人。我們經常會聽到這樣的議論：一個人在外人眼裡是謙謙君子，可是一到了家人面前就會變得歇斯底里、暴跳如雷。因為人的天性，在自我感到安全的領域內，更容易宣洩真實情感，所以常常會有這種「雙面人」。可不管家人如何包容、忍讓，仍是有一定的限度，而一旦越線，同樣會產生負面效果。所以那些離婚、斷絕關係的事件時有發生。

常言道，人生如尺，要有度。與人交往亦是如此，不論親疏遠近都要掌握一定的分寸，以免過猶不及。

Part6　你的善良要有底線，你的真誠要講究分寸──
　　　　溫暖他人的人，也不會讓自己的人生著涼

以德報怨也要有底線

有句老話，叫「吃人嘴軟，拿人手短」。可是，我們在生活中卻偏偏有這樣一種人。這種人向來信奉「拿來主義」，他們覺得，你有這個能力幫我，這是你的義務，也是你應該做的。

如果你不幫我，要麼就是你能力太低，要麼就是你品性有問題。其實，這樣的人是你社交圈裡的毒瘤。他們不知道你為了幫他們付出了多少，甚至有些人連一句感謝都沒有。與他們來往，你會發現自己不但沒有獲得等價物，甚至連個人情都沒留下。因此，及時斷絕與此類人的聯繫，就是我們要有的分寸感，你沒有義務以德報怨。期待別人以德報怨的人，其心智往往不夠成熟，他們從未嘗試過付出，也不想吃虧，只想從別人那裡索取，卻從沒想過究竟別人有沒有這個義務幫忙。

我們為什麼不願意跟此類人社交呢？

第一，這類人明明是有求於人的一方，卻目中無人、氣焰滔天，彷彿幫他一個忙是你的榮幸一般。與這類人交流，明顯會讓人感到極度不適。第二，這類人不懂得換位思考，

以德報怨也要有底線

不知道尊重他人的勞作與情感。他們從未想過，別人在幫他做事時需要耗費大量的精力和時間。第三，這類人不懂等價交換，他待別人如同泛泛之交，卻希望別人待他如同患難之交。這種人自私自利，不懂得照顧他人情緒，也難怪別人不願幫他。

做一件事情永遠比你想像的要難，別用你那簡單的思維去評判一件事的難易，這樣對別人很不公平。或許有人頂不住人情的壓力，義務幫過你一兩次的忙。可是，這一兩次的幫忙不是因為你值得幫，而是他們為了守護內心的善良。

在人際往來中，我們經常遇到這樣的人，在幫忙之後，我們也會反思這個人到底值不值得幫。如果值，那以後可以再幫他一些；如果不值，那就一定要果斷拒絕。

有些人雖然在短時間內不能給你什麼幫助，但是他們會記住你幫他們的情誼，在以後你需要幫助的時候，他們也會竭盡所能來幫你；有些人只把你的辛勞當成理所應當的義務，你幫他，連個人情都留不下，你不幫他，反而會惹一身是非。

因此，我們一定要有選擇性地社交。如果對方有情義、值得幫，那你可以無條件地幫助他；如果對方拿你當冤大頭，那你就要果決斬斷聯繫。

Part6　你的善良要有底線，你的真誠要講究分寸——
　　　　溫暖他人的人，也不會讓自己的人生著涼

　　當年藝人張韶涵憑藉一首〈隱形的翅膀〉紅遍大江南北，可她的父母卻將女兒視作賺錢工具，甚至在女兒拒絕幫助自己時，還公開指責女兒不孝，甚至誹謗張韶涵吸毒。

　　這個舉動，讓張韶涵瘦弱的雙肩背負了太多東西，也徹底斷送了張韶涵璀璨的星途。雖然張韶涵的妹妹力挺姐姐，告訴大家她一直很照顧家裡，並且盡到了孝敬父母的責任，可是網友們依然不肯放過她，這讓她十分受傷。

　　於是，張韶涵拿出檢驗報告證明自己的清白，也跟父母斷絕了關係。如今，張韶涵重新出現在公眾面前，網友們得知事情真相紛紛心疼她，也從她的身上得知：

　　首先，你真的沒有義務把有限的時間，浪費在不值得的人身上。其次，要學會表達自己的難處，從側面提到自己的處境。接下來，還要表現自己的誠心誠意，本著完全為對方著想的態度，真誠、積極、盡心盡力地為對方考慮，為其遇到的難題想解決的辦法。當然，有時候安靜地誠懇地聆聽對方的抱怨和嘮叨，也可以使其感受到自己的誠意。

　　最後一點就是拒絕，把拒絕的話放在最後。實際上，經過前面一系列的鋪陳，請求者心裡已經明白七八分，如果他是個明事理的人也一定會理解你，即使你這時候再說出拒絕的話，他也不會恨你或埋怨你，反而會覺得你是一個真心的朋友。

把拒絕的話放在最後，一方面是為了旁敲側擊，為人際關係的繼續發展做好鋪陳；另一方面是為了讓請求者有緩衝的時間，真正地明白你處境的艱難，從而更容易理解你的做法。這種拒絕方法比較迂迴曲折，不免要多說話，而話一多更容易讓人產生誤解，從而引起不必要的誤會，因此要注意以下幾點：

一、注意表達語氣

用委婉的方式拒絕人，語氣上一定要是緩和的、溫柔的，不能是強硬的語氣。如果語氣太強硬，比較敏感的人可能就容易會有「不幫就不幫，幹嘛這麼凶」的想法。其實，有時候並不是語氣硬，太過豪邁或者直爽，以及大嗓門的人很容易被誤解。這樣的人本身說話語氣就這樣，自己沒感覺有什麼，但一些心理脆弱或敏感的人就會想到別的地方去了。

二、態度明確，語言委婉

語氣要緩和，言語要委婉，但是態度一定要明確。不要拖拖拉拉，吞吞吐吐，讓人以為有答應的可能，然後進一步攻擊你，人家說兩次，你再拒絕就更容易傷人。態度上要表明自己拒絕的立場，但是在言語上不能太過直接，在說明自己的難處時，最好不要以第一人稱。

Part6　你的善良要有底線，你的真誠要講究分寸——
　　　　溫暖他人的人，也不會讓自己的人生著涼

三、要情真意切

也就是說，你真的是為對方考慮的，讓他看到、感受到你的誠懇。這個忙你幫不上，可以給一個好的建議，推薦一個合適的能幫上忙的人。

需要強調的是這種方法用在跟自己交情還不錯、比較通情達理的人身上是最合適的，如果對方是故意欺負人，或者不是真心實意地找人幫忙，即使用這樣的方式也會被他們曲解為藉口。他們的本意就是來為難你，不管你是直接拒絕，還是用這種方式委婉拒絕，他們都不會理解，所以針對這樣的人，最好的方法就是快刀斬亂麻，在他們沒開口之前就堵住他們的嘴，或者直接拒絕。

著名的喜劇大師卓別林曾說：「學會說『不』吧，這樣你會發現你的生活美好很多。」想做一個「好好先生」或者「好好小姐」並不是一件容易的事，有時候為了一時的情分點了頭，卻為自己留下了長久的不快，所以我們要學會拒絕。

掌控憤怒情緒，有分寸地還擊

俗話說，憤怒是火山，衝動是魔鬼。在生活中，憤怒和衝動是兩種常見的情緒。每個人都會憤怒和衝動，高情商的人懂得控制自己，而低情商的人則會放任這兩種情緒無邊蔓延。

放任憤怒就是讓火山噴發，放任衝動則是讓魔鬼肆虐。放任憤怒和衝動繼續發展，就會引發一系列意想不到的後果。

有的人因為衝動變成了身障，有的人因為衝動失去了自由，有的人因為衝動而家破人亡，有的人因為衝動甚至失去了寶貴的生命。當後果出現之後，這些人才了解到憤怒和衝動原來擁有如此巨大的破壞力。

我們在做事時，經常會情緒一激動，頭腦一發熱，沒有思考結果，就去著手開展行動。那些未經思考的事情，會讓我們的思考面變得狹窄，不僅會喪失辨別能力，同時也會喪失應對能力。這樣一來，即使事情並不難，也很難完成。

在憤怒和衝動情緒下，做出的事情大多是違背理性。當

Part6　你的善良要有底線,你的真誠要講究分寸─
　　　溫暖他人的人,也不會讓自己的人生著涼

後果產生之後,才會發現自己的錯誤。但是這種時候再去後悔,已經沒有任何意義了。

　　憤怒的時候,我們就應該要一忍再忍嗎?當然不是,有分寸的人會忍耐,但更會有分寸地還擊。

　　「不先動手」是應對衝突的一個很有效的手段。與人交往難免會出現摩擦、產生糾紛,這種時候,哪一方先動手,哪一方就會落入被動局面。即使此前道理在自己這邊,先動手後,自己也變得沒有理了。

　　動手是將事件更新的訊號,一方動手後,事件就會進入到一個新的層面上。如果另一方也動起手來,事件就會進一步更新,進入到更新的層面之上。

　　這一點很好理解,舉例來說,公車上,司機一個急煞車,乘客摔倒在地。乘客大怒衝著司機叫囂,司機只得一邊道歉一邊開車。看到司機愛理不理的樣子,乘客更加生氣,開始動手敲打司機的腦袋。

　　司機對著乘客喊了幾聲,乘客更覺司機無理,自己的動作也大了起來。司機被乘客敲打得忍無可忍,奮起反抗,卻導致公車失控,撞到了道路護欄上,結果將吵鬧的乘客拋飛出了車窗外。

　　上面的故事可以算是一個特例,這個故事因為雙方的動

掌控憤怒情緒，有分寸地還擊

手而更新，最終引發了本可以避免的嚴重後果。故事中，乘客首先是有理的，這個顯而易見，司機急煞車導致乘客摔倒，他叫喊兩句也很正常。但是當乘客動起手來之後，理就跑到司機那邊去了。畢竟此前已經承認了錯誤，乘客再動手就過分了。乘客動手之後，整個事件就已經更新了。當乘客繼續動手時，司機因為忍無可忍，也開始動手，這就導致事件進一步更新。至少從矛盾大小來說，最初的矛盾是很小的，當雙方都動起手來之後，矛盾就變得很大，也很難解決了。

最終出車禍的結果是矛盾擴大導致的，是雙方都動手引發的結果。這種結果本來是可以避免的，如果司機不動手，車禍就不會發生。而如果乘客不動手，司機也不會動手。在這個故事中，這些因素連鎖反應都是一環接著一環的。

從故事中可以看出，這位乘客的情商的確不高。原本一件自己有理的事情，被他處理成了是自己無理取鬧的事情。之所以會成為這樣，他自己先動手是主要原因。

這位乘客之所以會選擇動手，相當程度上是他的情緒因素所致。在摔倒之後，這位乘客便陷入憤怒之中，看到司機對自己的態度冷淡，他的憤怒進一步上升，最後因為衝動而動起手來。

Part6　你的善良要有底線，你的真誠要講究分寸─
　　　　溫暖他人的人，也不會讓自己的人生著涼

　　如果他能控制住自己的憤怒，不那麼衝動，心平氣和地與司機溝通，就不會出現後面發生的一系列事情。遇到事情，控制住憤怒，不先動手，往往能夠取得意想不到的效果。

　　很多人將動手當作是表達憤怒的方式，習慣動手的人也很少認真去講道理。動手作為表達憤怒的方式，是低情商的表現。動手不僅會讓事件史新，還會引發許多意想不到的後果。高情商的人很少用拳頭來表達，即使遇到難以解決的糾紛也不會選擇動手。當然，高情商的人並不是秀才，在遇到「兵」的時候，他們有自己的取勝之道。盲目動手的苦果最終只有自己品嘗。當情商高的人面對負面情緒的時候，他們會思考三個問題：產生負面情緒的事情是什麼；這件事是否真的如自己想的一樣；能否從別的角度去考慮這件事情。

　　從心理學上看，負面情緒無非是緊張、焦慮、憤怒、悲傷、痛苦等。人都會有負面情緒，只是高情商的人會讓正面情緒在意識中占主導地位，而低情商的人則會任由負面情緒主導。生活中不存在沒有負面情緒的人，只存在那些被負面情緒所主導的人。

　　負面情緒就像是感冒，出現負面情緒並不是誰的錯，也沒有誰有權利去指責那些被負面情緒主導的人。但如果長期

處於負面情緒主導之下,就要從自己身上尋找原因了。

　　高情商的人在受到憤怒、衝動等負面情緒侵蝕時,總會予以「溫文爾雅」的還擊,不過分,也不踰矩。而這種分寸感,既不會讓他們吃虧,也不會真正刺痛他人。

Part6　你的善良要有底線，你的真誠要講究分寸──
　　　　溫暖他人的人，也不會讓自己的人生著涼

兩隻耳朵與一張嘴的平衡

與人溝通時，經常會忽略傾聽的重要性，或是忘記與人溝通實際是一種雙向互動。除了要表達自己的想法，還要傾聽對方的訴求，這樣才是情商高的表現。

那麼，在與人來往的過程中，我們到底應該如何拿捏傾聽與說話之間的分寸感呢？那就是「只說不聽不行，只聽不說也不行」。

傾聽與述說之間應該有一個很好的比例，這種比例就是聽與說的黃金比例，而這種黃金比例，也就是我們常說的分寸感了。

主持人柴靜很受知性讀者的喜愛，她採訪的方式，就堪稱「會溝通」的範本。在採訪的時候，她總是身體向前微傾，傾聽對方的話語，並伴以各樣輕微的肢體動作。這是一種發自內心想要傾聽的肢體語言。透過傾聽，她能更好地貼近被訪者的內心世界，消除彼此的芥蒂，獲得對方的信任，把自己最真實的故事講述出來。而在傾聽對方的故事時，柴靜也會不時地給予回饋，回饋的最低標準就是讓對方感覺到，最

兩隻耳朵與一張嘴的平衡

高標準就是不打亂對方的談話節奏。

柴靜將聽與說之間的分寸感掌控得很好。在某訪談節目中，她訪問了周星馳，在節目裡，柴靜對與周星馳對話的拿捏，以及引導周星馳把他的故事說出來，都做得十分到位。在兩個人聊到愛情和家庭的時候，柴靜沒有像很多主持人那樣表達自己的觀點，而是讓周星馳講述自己的想法和憂慮，只是在談話的間隙，夾雜一些類似於反問、詢問和總結式的話語，讓雙方交流更順暢。

比如當兩個人聊到結婚的話題時，周星馳笑著說：「我現在這樣子，你看，還有機會嗎？」柴靜覺得周星馳是有話想說，於是引導道：「為什麼這麼問呢？」

周星馳感慨道：「年齡也越來越大了。」柴靜沒有發表自己的看法，而是繼續引導道：「你才多大？」周星馳就此打開了話匣子：「你都知道的，我都害怕說出來了，現在我自己的年齡⋯⋯」

之後，周星馳便開始了個人的講述。在這段採訪裡，柴靜的話語幾乎都是引導和輔助式的，而在周星馳說話的時候，她就在一旁扮演好一個誠懇的傾聽者。

溝通的時候，會說當然很重要，但懂得在什麼地方說，有的時候更加重要。有的時候說得過多，會讓人反感；說得

Part6 你的善良要有底線，你的真誠要講究分寸──
溫暖他人的人，也不會讓自己的人生著涼

過少，會讓人覺得是在敷衍；有的時候說得不是地方，又容易打亂別人的溝通興致。

所以，聽與說之間的分寸拿捏真的是一件大事。

想要成為一個情商高、懂分寸的人，我們不妨參考以下觀點：

一、傾聽要有耐心

與人交流時，要有耐心，等待對方把話說完，直到聽懂對方的意思。很多時候，說話者的言語不會太完整，可能有些零碎甚至混亂，我們要有足夠的耐心，所有人都能把話表達清楚，前提是你要耐心聽完。當你與對方的觀點不一致時，也要抱著理解的態度。

二、要用心去聽

聽人說話要用心，不要三心二意，否則只會讓對方覺得你是在敷衍他，很快就沒有想要說下去的欲望。如果自己確實有事，沒有時間聽對方表達，那麼就要立刻告訴對方：「對不起，現在我有些棘手的事要先忙，我很想聽你的觀點，可不可以等我把事情忙完再專心聽你講呢？」拒絕也要有禮貌，這樣才不會讓對方反感。

三、不要隨意插話搶話

在聊天中，最讓人厭煩的應該就是隨意插話，並把話題轉移到自己身上的人，這樣往往容易使對方有不好的感受。同時也不要妄下結論，不要在對方還沒表達清楚之前，就妄加評論，這樣很可能已經曲解了對方的意圖。

四、在聽的同時也要適時地表態，做出回應

沉默的傾聽很多時候能得到「無聲勝有聲」的效果，但不是說要一味地傾聽而不發言。我們可以適時地用一些簡短的話語回應對方，比如「對」、「是的」、「確實是這樣」等，或者用肢體語言表達自己的認同，比如點頭或者微笑等。這樣適當的反應，會讓對方知道你在認真地聽他說話，而不會造成敷衍的感覺。

五、當對方想要知道你的想法時，
　　盡可能用清晰的邏輯表達出內心的觀點

當一方表達結束後，往往希望聽到對方的看法和意見，這時我們就要說出自己內心的想法，而不是沉默不語或者支支吾吾，否則會讓對方不理解你的意圖。想要獲得好的人際關係，就要學會真誠，讓別人對你的內心有所了解，這樣對方也會敞開心扉。否則只有對方單方面吐露心聲，而你不

Part6　你的善良要有底線，你的真誠要講究分寸─
　　　　溫暖他人的人，也不會讓自己的人生著涼

予回應，很快就會失去對方的信任，不再與你訴說真實的想法。

　　我們一直都有一種傳統思想，那就是「多聽少說」，這裡蘊含著為人處世的大智慧，被無數成功者奉行。就像哲學家季蒂昂的芝諾（Zeno of Citium）說的：「我們有兩隻耳朵而只有一張嘴，所以應該多聽少說。」記住這句話，就能讓你的分寸感更出色。

關係再親密，也要理性考慮

每個人都希望能擁有良好的親密關係，有的人在期待，有的人在尋找，有的人終其一生，也一無所獲。這個事實並不是說人們無法獲得親密關係，更多是人們無法保持和處理好親密關係。

大多數人將親密關係局限在愛情上，這大大縮小了親密關係的範圍。真正的親密關係既包括愛情，也包括親情和友情。每個人都會擁有屬於自己的親密關係，這種關係來源於彼此生活相互交錯、相互依賴，並能提供歸屬感，讓我們感受到生活的溫暖。

獲得親密關係並不困難，真正困難的是去維持親密關係。時間久了，我們會發現，朋友之間會漸行漸遠，親人之間會出現嫌隙，愛人之間也會產生隔閡。這些親密關係中出現的問題都要及時解決，這時，面對不同的親密關係，就需要採取不同的處理方法。

人在戀愛時，總覺得自己會完全包容對方，覺得即便彼此可能不太合適，愛情也能克服一切困難。不僅我們如此，

Part6　你的善良要有底線，你的真誠要講究分寸──
　　　溫暖他人的人，也不會讓自己的人生著涼

　　藝人也是如此。可不理性的愛，總會造成各式各樣的問題，當愛的激情逐漸褪去後，只剩下責任感支撐著這本應最親密的關係。面對這種情況，人們才紛紛懊悔，當初戀愛時候的不理智，釀成了現在的苦果。

　　演藝圈裡的藝人情侶們分分合合，一直是網友們津津樂道的事情。雖然這樣的例子比比皆是，但是圈內對親密關係很理性的情侶也大有人在。我們都知道，藝人胡歌曾經出過一次車禍，在那場車禍中，他失去了很多，但是他當時的女友卻對其不離不棄，甚至放下了自己的演藝工作，專門去醫院照顧對方。

　　對於這段感情，胡歌自然非常珍視，隨後卻曝出了二人已和平分手，從情侶成了朋友的消息。可見面對這種情況，兩個人都是非常理性的。

　　胡歌提到了自己跟對方的感情時，他說道，對方真的非常好，兩個人分手也是因為個性不合。而女方對於自己跟胡歌的戀情，一直十分低調不炒作，甚至在被記者詢問時大方表示：「他現在非常有人氣，我不想參與到話題當中。他是一個對演戲有追求、有理想的人，看到他能成功，很為對方感到高興，讓過去的都成為過去。」

　　或許正是因為這份理性，雙方都迎來了自己的新生活。

關係再親密，也要理性考慮

當然，有些不太理性的朋友可能會說，在雙方爭吵的時候，根本沒有辦法冷靜下來，更不要提解決問題了。確實，這與解決親密關係衝突的核心概念──理性。在解決親密關係衝突時，只有堅持理性第一的原則，衝突才會得到根本解決。

所謂理性，就是指在正常思維狀態下，為了獲得預期結果，快速且完全了解現實，分析出可能的作法，從中選擇出最優解，並有效執行的能力。理性是相對於感性而言的，理性的人在面對衝突時，能更冷靜、更準確地判斷是非曲直，採取有效解決手段。在親密關係衝突中，理性也是解決衝突的關鍵因素。

當然，理性並不是用簡單的定義就能夠說明清楚的，想要在親密關係衝突中做到理性克制，就要注意以下要點；

一、要降低占有欲

無論是在哪種親密關係中，想要減少衝突的發生，首先要降低自身的占有慾。在當今社會，每個人都有著複雜的人際關係，在不同的親密關係中扮演著不同的角色，沒有誰是獨屬於哪一個人的。不論是朋友、親友，還是愛人，都不可能時常陪伴在我們身邊。每個人都是一個獨立的個體，而這些獨立的個體都具有獨立的人格。

因此，處理親密關係時，不要將對方當作自己的附屬

Part6　你的善良要有底線，你的真誠要講究分寸──
　　　　溫暖他人的人，也不會讓自己的人生著涼

品。很多親密關係衝突的產生，都是由於一方過度干涉對方的人格自由。針對這一部分的理性，應該是對任何事情，都只提供建議，而不去干涉選擇。即使是父母和孩子這樣親密的關係，父母也應該懂得適時退出，讓孩子自己做決定。

二、要學會妥協和退讓

在親密關係中，衝突發生和惡化的一個重要因素就是雙方針鋒相對，誰也不願退讓，這種對峙只會讓衝突愈演愈烈。當衝突發生之後，親密關係雙方都應該懂得適時妥協和退讓。藉此才能逐漸尋回理性，在理性基礎上的對談，才是解決衝突的重要手段。

很多親密關係衝突，本就分不出對錯，如果不靜下來認真分析，很難平息衝突。雙方都應該嘗試後退一步，給對方一點空間。這樣不僅能夠避免過多無謂的爭吵，也能讓自己盡快調整好，慢慢冷靜下來。

三、要多注重原則和底線問題

在親密關係衝突中，衝突雙方都有各自的原則和底線。爭吵要知道拿捏分寸，不去觸及對方的原則和底線。再親密的關係也存在不可觸碰的禁區，如果過多干涉對方的私事，將會破壞彼此之間的親密關係。

關係再親密，也要理性考慮

親密關係是一種特殊的關係，但再特殊的關係也需要回歸其本質。人與人之間的關係，歸根結柢就是一種交換關係，每個人都希望用最小的付出去獲得最大的回報。親密關係也同樣如此，只有兩個人都能在一段關係中獲得足夠的「收益」，這樣的關係才能夠維持長久。

在處理親密關係時，理性是第一要務。缺乏理性，將會讓親密關系衝突一發而不可收。原本親密的兩個人陷入無休止的爭吵之中，爭吵持續的時間越長，雙方親密情感的損失也就越多。用理性來及時停止爭吵，才是解決衝突的關鍵。

Part6　你的善良要有底線，你的真誠要講究分寸—
　　　　溫暖他人的人，也不會讓自己的人生著涼

「零容忍」並不代表你不善良

高情商的人懂得退讓和忍耐，正如前面所講的一樣。在很多時候，忍耐要比對抗更利於問題的解決。正是基於此，關於忍耐的學說層出不窮。在中華幾千年的道德文化中，忍耐文化占據著重要地位。

「韓信受胯下之辱」、「越王勾踐臥薪嘗膽」，這些故事可以說是忍耐的最好例證。但也正是這些故事的存在，讓人們對忍耐的認知產生了很多誤解。

有些時候，忍耐並不是必要的，也有些時候，是完全不需要去忍耐的。

高情商的人知道忍耐的界限，能夠分清什麼時候需要忍耐，什麼時候不需要忍耐。對於忍耐，高情商的人會選擇順勢而忍，當一件事情超出了自己的底線，就不需要再去忍耐。

南宋理學家朱熹說：「事有不當耐者，豈可全學耐事？學耐事，其弊至於苟賤不廉。」他認為並不是所有的事情都是可以忍讓的，有些事情涉及是非、義利的根本，這些事情

「零容忍」並不代表你不善良

就不能忍耐。一味地講忍耐,其最大的弊端會讓人變得卑鄙下賤、喪失操守。不少人都覺得,忍一時風平浪靜,退一步海闊天空,覺得能夠透過忍耐解決問題、化解矛盾自然是好事,但是如果忍耐會加重事態發展,還選擇盲目忍耐,那就會造成很嚴重的後果。

我們都知道,音樂才子周杰倫可以說是最痛恨狗仔隊的藝人之一。因為狗仔隊不分時間地點地亂拍攝藝人隱私,讓周杰倫覺得沒必要對其再三忍耐。作為音樂才子,周杰倫曾寫過一首〈四面楚歌〉,以此來向狗仔隊宣戰。

既然選擇了對狗仔隊零容忍,那雙方起衝突就成了在所難免的事情。為了讓狗仔隊體驗一把被騷擾的感覺,周杰倫在被狗仔隊偷拍後,拿起手機「殺了個回馬槍」,對著拍攝自己的狗仔隊一通追拍。

狗仔隊見勢不妙,紛紛用手遮住臉,口中還唸唸有詞地聲稱要「整垮」周杰倫。面對這種行為,周杰倫決定將其手機拍攝的內容做成影片,公布在網路上。網友們對周杰倫零容忍狗仔隊的行為紛紛支持,讓周杰倫收獲了一票支持者。

對那些身懷怨恨、惡意抨擊別人的人,是不需要忍耐的;對那些不顧他人利益、踐踏他人尊嚴的人,也是不需要忍耐的;對那些不斷挑戰別人底線、擾亂別人生活的人,更是無

Part6　你的善良要有底線，你的真誠要講究分寸——
　　　溫暖他人的人，也不會讓自己的人生著涼

須忍耐的。在面對這些人的時候，就需要做到零容忍，反抗才是唯一解決問題的方法。

一味地忍讓會失去自我保護的能力，面對很多事情的時候都會無法反抗，最後成為別人欺壓的對象，淪落為一個失敗者。高情商的人很清楚這一點，他們在忍的時候，其實想著的卻是「忍不了」。為此，他們會用盡各種方法來反抗。

過分忍讓，就會讓自己迷失在指責和非議中。過分忍讓不僅放棄了自己的合理利益，也放棄了應有的尊嚴。

過分忍讓只會讓壓迫更加嚴重，邪惡更加惡劣，同時也會讓自身陷入無力還擊的困境。現今社會正是蓬勃發展的時期，人們的思維模式也隨之產生了較大變化，人們對整個社會的認知理應隨之發生改變才對。

但可悲的是，仍然有很多人不知道如何與他人相處，更沒有辦法找出自己的定位。這種情況往往會導致兩種結果，一種是一味忍讓，一種是暴躁無禮。暴躁無禮自然是不對的，一味忍讓也是錯誤的處世之道。

那些雞毛蒜皮、無關痛癢的小事是可以忍耐的，但是如果一件事情涉及了原則和底線，就不能再繼續忍受下去了。有人將忍耐比作一口深井，陷得越深就會越難出來，這樣就會逐漸喪失自身生存的自由度。真正擁有高情商的人，既不

「零容忍」並不代表你不善良

會壓迫別人去忍耐,同時也不會讓自己處於忍耐的深井之中。他們懂得區分事情的利弊,明白有些事情忍一忍就過去了,而有些事情必須只能是零容忍。他們知道對於那些不懂得尊重別人的人,過分忍讓只會換來變本加厲,只有對這些人零容忍,才能維護自己應有的權利,贏得他人的尊重。

Part6　你的善良要有底線，你的真誠要講究分寸──
　　　溫暖他人的人，也不會讓自己的人生著涼

別被自己的真誠搞得狼狽不堪

不少朋友都碰到過這樣的問題：我們總是對別人太真誠。在別人難過時，我們給他安慰的肩膀；在別人憤怒時，我們當他的出氣筒。可實際上，我們扮演的並不是朋友，而是一個情緒垃圾桶的角色。

在絕大多數溝通情境中，帶著情緒說出來的話往往帶有一定的暴力成分。這些話語更多會表現為一種暴力語言，因此帶著情緒說話也被認為是暴力溝通的一種表現。

情緒是一個心理學名詞，是一種心理和生理狀態的表現。情緒既是一種主觀的感受，同時也是一種客觀上的生理反應，其更多表現為一種社會表達。帶著負面情緒的人，在溝通過程中往往會表達出很多的負面。這些負面的東西像是一種語言垃圾，帶著負面情緒的人會在溝通過程中傾倒這些語言垃圾。

如果此時面對的是自己親近的人，是能夠理解自己情緒的人還好，他們會為我們「清理」這些語言垃圾。但是如果在與關係不那麼親近的人溝通時去「傾倒」這些語言垃圾，後

果就沒有那麼簡單了。沒有人願意成為溝通過程中的「垃圾桶」，也不會平白無故地清理我們製造的語言垃圾。換過來考慮也一樣，如果別人在溝通過程中帶著情緒向我們大吵大叫，我們會生氣、反擊，正常的溝通也會隨之戛然而止。

有時候，在面對我們平時接觸不多的人時，我們往往能夠心平氣和地與他們進行溝通。而當我們面對那些熟悉的人、親近的人時，卻往往難以控制自己的情緒。

這並不是因為我們內心很自私，而是因為當我們心情不好的時候，與我們親近的人最容易觸碰到我們內心的傷心事，這會引發我們心裡的不適。這時我們內心的悲傷情緒就會被激發，從而讓我們在對話中或多或少夾帶一些情緒，在溝通中產生言語上的暴力。

不良的情緒需要宣洩，但是並不應該透過這個方式。在溝通過程中，如果帶有不良情緒，在表達上就很容易出現語言暴力，溝通的效果也會大打折扣。

某女藝人是短劇演員，她擅長用「女人的眼淚」來充當自己的武器。不管是自己表現得不好，還是同伴表現得不好，她都會用流淚的方式來抒發情感，也讓網友們紛紛同情心疼。

可眼淚流多了，也就變得不值錢了。她在做客某節目

Part6　你的善良要有底線，你的真誠要講究分寸——
　　　溫暖他人的人，也不會讓自己的人生著涼

時，因為與一起排練的同伴發生矛盾，導致最後成績不好，而又再一次淚灑現場。

網友們對她的眼淚已經麻木，也有人對這些發表看法，「每次委屈的都是她」、「難道全世界都在欺負她嗎」、「她除了哭戲，別的什麼都不行」……

就在眾人看得心累時，主持人去安慰了幾句，問她「究竟發生了什麼」。誰想到，這位女星立刻打開了話匣子，在螢幕前就開始抱怨起來。主持人在一邊默默聽著，有幾次想結束話題，女星卻置若罔聞地侃侃而談，抱怨自己的委屈和難過。

其實，分寸就在一線之間，用力過猛跨過了這條線，就會讓人不舒服，甚至讓人討厭。只有掌握好一定的限度，才能讓問題順利解決。

在這裡，情緒就是一條線或者說是一個限度。慷慨激昂地表達是一種帶有情緒的表達，這種表達不會對溝通造成不良的影響。為什麼？因為我們此時的情緒是積極正向的，所以在表達的時候也會呈現出一種積極正向的狀態。帶有負面情緒的表達則不同，帶有負面情緒的表達往往會傳遞一種負面的資訊，也就是一種語言暴力。

想要解決這種問題，讓別人當「垃圾桶」是很不道德的低情商作法。最根本的方法，還是要盡量克服自己的負面情

緒,當自己情緒不穩定的時候需要及時釋放,不要讓不良情緒影響我們的判斷力和溝通。要克服說起來簡單,想要真正做到卻並不容易。在溝通過程中,如果沒有辦法從根本上克服不良情緒的產生,我們可以嘗試著將之隔絕在溝通外,讓其對溝通的影響最小化。下面有幾種方法可以做到這一點:

一、換位思考,從別人的感受出發

試想一下,如果一個叨叨絮絮的人正在對著我們宣洩自己的負面情緒,我們會產生一種怎麼樣的心情?想清楚這一點之後,再去看看自己情緒不佳的時候,是如何在溝通中表達的。在溝通過程中,沒有人願意成為出氣筒,己所不欲,勿施於人,這一點非常重要。

處於不良情緒狀態是很難控制自己的情緒和表達,這很正常。在溝通過程中,如果我們能多去考慮一下別人的感受,這種不良的情緒狀態可能就不會擴散出去。不將自己的壞情緒透過溝通傳遞給別人,這是非暴力溝通的一個重要要求。

二、善於求助,不要自己一個人承擔

溝通不能傳遞語言暴力,這並不是說當我們處於負面情緒狀態下時就只能封閉自己,不去與他人進行溝通。溝通不僅可以傳遞雙方的觀點,溝通還可以幫助我們解決一些實際問題。我們可以透過溝通將自己的負面情緒告知給別人,讓

Part6　你的善良要有底線，你的真誠要講究分寸——
　　　　溫暖他人的人，也不會讓自己的人生著涼

對方幫我們分析其產生的原因，並提供一些消解的方法。

很多人認為負面情緒可以透過語言宣洩出去，這種想法往往是錯誤的。負面情緒帶來的語言暴力不僅會讓溝通陷入僵局，同時還會引發超出溝通範疇的暴力事件。真正解決的方法是找到合理的傾訴對象。負面情緒的表達不需要大喊大叫，只需要心平氣和地訴說。

三、等一等，讓溝通多一點空白

帶著負面情緒溝通並不是一件好事，那我們不妨將溝通暫時擱置一旁，自己先冷靜一下，不用急於回答對方的問題，給彼此的溝通留出一點空白。

這一點小小的空白可以讓我們的頭腦冷靜，在這段時間中，我們可以將負面情緒和自己想要表達的內容分隔開來，這樣在溝通中就不容易摻雜著負面情緒的語言表達了。

深呼吸，放鬆身體，這些簡單的動作就可以平復我們的心情。雖然沒有辦法徹底消除，但是至少可以讓我們在溝通過程中不再受其左右。很多時候，當溝通順利結束之後，原有的負面情緒也跟著一併消失不見。

上面所說的都是如何不帶著負面情緒去溝通的問題，那麼當我們在溝通過程中，面對被負面情緒所控制的人時，又該怎麼做呢？

別被自己的真誠搞得狼狽不堪

我們選擇與他們針鋒相對,都使用暴力的語言進行溝通,那這場溝通就會變成一場「口水戰」,嚴重的還會爆發扣繳衝突,變成一場「肉搏戰」。面對因負面情緒而使用語言暴力的人,我們應該嘗試去理解他們,然後再採取行動。

如果我們還沒有理解他們在溝通中出現語言暴力的原因,就盲目地採取行動,會很容易讓他們變得更加暴躁,這只會加重他們的不良情緒。

最後,我們對人真誠是情分,不當人家的情緒「垃圾桶」是本分,你真的沒必要被自己的真誠搞得狼狽不堪。

Part6　你的善良要有底線，你的真誠要講究分寸──
溫暖他人的人，也不會讓自己的人生著涼

你的善良，拒絕「聖母」光芒

在很多人的觀點中，拒絕是不好的，是傷感情、傷和氣的行為。所以面對別人的請求，我們往往會以一聲「好的」來答覆。而有時候這句「好的」背後，並不是你的真實想法和情感，只是迫於無奈，或者趕鴨子上架。

如果是這樣，你回想起來，心裡就會更加不舒服，或者陷入一段尷尬的關係中。更為嚴重的是，一次的妥協可能換來別人無數次更過分的「請求」。他們會利用你拉不下臉的特點，一次比一次過分地要求你做事。如果某一次你拒絕了，那麼他們就會徹底否定你的價值，甚至再冠上「莫須有」的罪名，在別人面前詆毀你，而你只能啞巴吃黃連，有苦說不出。

幾乎所有的現代人，都覺得自己「活得好累」。這並不是說每個現代人都在拚命工作，這裡的累，主要是指心累。心累是現代人的普遍感受，造成心累的原因，相當程度上是因為我們對事情有過高地期待和要求。

有時候，我們會發現不管自己如何努力，不管自我反省得多麼深刻，也無法得到所有人的讚美。似乎不管付出多大

你的善良，拒絕「聖母」光芒

努力，也總有人對我們並不滿意。

這其實無可厚非，畢竟世界這麼大，社會也非常複雜，每個人的想法觀念不可能完全一樣。因此，要求每個人都完全一致地做事是根本不可能的。

有句話說得好，我們又不是錢，沒必要讓所有人都喜歡我。在面對事情時，不同的人會站在不同的立場上，帶著各自的觀點，產生不一樣的看法。因此，你不可能做到讓所有人都滿意。當然，有些人會覺得，只要自己足夠努力，就能讓所有人讚美自己，就能讓大家肯定自己。但這是不可能的，也許你的努力，在有些人眼裡只是做作；你的善良，在有些人眼裡就是虛偽。即便你已經竭盡全力，但還會有不少讓人抱怨的地方。

因此，當你覺得自己的行為是正確的，那堅持下去就好了，別人的意見聽一聽，關鍵還是要自己下決定。

有時候，帶著「聖母」光芒的善良只會害了自己。在社人既往來中，企圖讓所有的人都喜歡你的行為實在太傻，如果你過於在意別人的批評，就會很輕易地懊惱和傷心；如果你太在乎別人的誇獎，就會變得好高騖遠、飄飄然。

我們最好保持本心，讓心態寧靜平和。只要自己把事做好，讓自己滿意即可。所謂的人情世故，無非是讓自己變得

247

Part6　你的善良要有底線，你的真誠要講究分寸——
溫暖他人的人，也不會讓自己的人生著涼

優秀，然後再吸引一幫同樣優秀的朋友。如果你以為，委屈了自己成全了別人，就能讓所有人都滿意，那就大錯特錯了。這種討好型的往來方式，不僅會把自己的生活搞得一團糟，還會讓別人對你說三道四。

真的要做這樣的「爛好人」？一味地妥協並不能換來真友誼，反而會被別人狠狠地利用。

永遠不要為了討好別人而選擇無節制、無原則地答應他人的要求，妥協和討好並不能換來真摯的感情，反而會助長他人無理的氣焰，這其實就是所謂的平等相處。妥協多了，雙方就會站在不對等的高度。

這樣看來，懂得拒絕他人的要求、拒絕自己不願意做的事、拒絕不真心的請求是很重要的。

拒絕的藝術就在於，拒絕了請求卻沒有破壞這段關係，多一個朋友總比多一個敵人要划算。

很多人害怕拒絕，就是怕影響到人際關係，尤其對於急需拓展新關係的職場新人來說。但是良好的拒絕藝術不會影響人際關係，還有可能促進人際關係的發展。

不是所有的請求都要拒絕，要注意區分應該拒絕和不應該拒絕。如何區分呢？

每個人要拒絕的事情都不可能相同，圍繞著我們的生命

你的善良，拒絕「聖母」光芒

主線去區分就會明朗許多。只要區分開來，把拒絕無用請求所節省的時間精力用在真正有價值的人際關係上，才是拓展人際關係的正道。

如何巧妙地拒絕呢？提前出口，讓對方難以張口。這分兩種形式，一種是對方未提及，你就知道了意圖，那麼可以其人之道還治其人之身的方法，也可以顧左右而言他。除此之外還有一種「糖衣炮彈式」的拒絕方法，當然這也是在清楚了解其意圖後可採取的作法。當你知道對方找你是什麼事情時，不等他開口，就對他要提及的這件事大肆讚揚一番，誇得他不好意思再麻煩你。

拒絕別人是一個人的必修課。如果這一課沒有學好，勢必會栽跟頭。身處職場的人更應該注意這一點，因為這關係到你與同事、主管的相處，跟你的工作、事業息息相關。

拒絕別人的時候也要面帶微笑，表露自己的真誠，不要將內心的焦躁和鬱悶傳遞給對方。當然，拒絕時可以不必去考慮別人是否滿意，被拒絕的一方總是心存不滿的，但是你透過巧妙迂迴的方式拒絕，已經給足了對方面子，所以這件事對你們的關係應該不會造成太大的影響，況且你不可能使所有人都滿意。

我們應該懂得，人際關係中有這樣一個說法：你越在意

Part6 你的善良要有底線，你的真誠要講究分寸—
溫暖他人的人，也不會讓自己的人生著涼

什麼，什麼就越折磨你。那你不如放開手腳，只做你自己就好。每個人都有自己的人生，你沒有必要為別人活著。只要成為最好的自己，更加優秀的人自然會被你吸引。

自我強大的第一步，就是結束討好與矯情。畢竟人生在世，誰也沒辦法做到讓所有人都喜歡，也就沒必要去討好別人。對於跟自己不熟的人，你又何必糾結他們對自己的評價？只有珍惜那些真心待你的人，忽略那些漠視你的人，你的人際關係網才會更高效。

在人際往來中，大部分人都習慣得到別人的肯定，都迫不及待地想向世界展現自己的優點，想讓大家稱讚自己，這也是人之常情。但不要忘記眾口難調這句話，有時候，即便你受盡委屈，也是無法讓對方滿意的。

你需要做的，是努力經營自己、培養自己，當你成為一個足夠優秀、足夠強大的個體時，自然會吸引更多的人想與你往來，優秀的你才會遇到更多優秀的他們。你不是誰的奴隸，不必做到人人都滿意。

懂得拒絕也是一種自我尊重、自我愛護，不管是生活中還是職場上，你不必討好所有人。而懂得拒絕的藝術則是對對方的尊重，不必讓對方下不了臺，陷入尷尬的局面。

所以，你的善良，真的不必帶著「聖母」光芒。

你的善良，拒絕「聖母」光芒

國家圖書館出版品預行編目資料

情商的距離，「分寸感」打造深度關係！避開人際雷區 × 禁止窺探隱私 × 練習擔任配角……在交流中拿捏好距離，打造親密又自在的舒適關係 / 陳玉新 著 . -- 第一版 . -- 臺北市：樂律文化事業有限公司 , 2024.10
面；　公分
POD 版
ISBN 978-626-7552-50-6(平裝)
1.CST: 人際關係 2.CST: 社交技巧 3.CST: 生活指導
177.3　　　　　　　　　　113015377

情商的距離，「分寸感」打造深度關係！避開人際雷區 × 禁止窺探隱私 × 練習擔任配角……在交流中拿捏好距離，打造親密又自在的舒適關係

作　　者：陳玉新
責任編輯：高惠娟
發 行 人：黃振庭
出 版 者：樂律文化事業有限公司
發 行 者：崧博出版事業有限公司
E - m a i l：sonbookservice@gmail.com
粉 絲 頁：https://www.facebook.com/sonbookss/
網　　址：https://sonbook.net/
地　　址：台北市中正區重慶南路一段 61 號 8 樓
8F., No.61, Sec. 1, Chongqing S. Rd., Zhongzheng Dist., Taipei City 100, Taiwan
電　　話：(02) 2370-3310　　傳　　真：(02) 2388-1990
律師顧問：廣華律師事務所 張珮琦律師
定　　價：350 元
發行日期：2024 年 10 月第一版
◎本書以 POD 印製
Design Assets from Freepik.com